Eine Studie über die Italisch-hermetische Tradition

Die englische Originalausgabe erschien 2019 unter dem Titel
The Magic Door bei Manticore Press, Melbourne, Australia.
Unsere Übersetzung erfolgte mit der freundlichen
Genehmigung des Autors.

Der Verlag bedankt sich bei
Dr. Hans Thomas Hakl

Bibliografische Information der Deutschen Bibliothek.
Die Deutsche Bibliothek verzeichnet diese Publikation in der
Deutschen Nationalbibliografie; detaillierte bibliografische Daten
sind im Internet über http://dnb.dnb.de abrufbar.

Erste Auflage 2022
© AAGW Archiv für Altes Gedankengut und Wissen – Gaggenau 2022.
Printet in Germany

978-3-937592-52-7

DAVID PANTANO

DIE
MAGISCHE
PFORTE

Eine Studie über die Italisch-hermetische Tradition

Mythos, Magie und Metamorphose
in den esoterischen Traditionen
des Westens

Aus dem Englischen übersetzt
von Felix Herkert

AAGW
Archiv für Altes Gedankengut und Wissen

Inhalt

TEIL 3

TEIL 4

Hesperia

Vorwort

Dieser Text des italienischstämmigen kanadischen Gelehrten und unabhängigen Forschers David Pantano bereitet große Freude und dürfte für viele Leserinnen und Leser von esoterischen und traditionalen Studien ein absolutes Novum darstellen. Meist beschränken sich solche Erfassungen nämlich auf den historischen und operativen Rahmen okkulter Organisationen wie der Theosophischen Gesellschaft Blavatskys oder der pseudo-rosenkreuzerischen Gruppierung des Golden Dawn bzw. auf deren vielfältige direkte und indirekte crowleyanische wie auch nichtcrowleyanische Ableger und/oder Emanationen (Astrum Argentinum, BOTA usw.).

Pantanos Text hingegen zeigt etwas ganz anderes auf. Der Klappentext des englischen Buchcovers nennt *The Magic Door* „eine Studie über Mythos, Magie und Metamorphose im italischen (römischen und italienischen) Zweig der esoterischen Traditionen des Westens. *Die magische Pforte* überblickt ein breites Spektrum esoterischer Traditionen und erforscht jene Heldengestalten, Schulen und Lehren, die in Italien die Grundlagen der Initiation gelegt haben, und zwar von der Römerzeit bis zur Gegenwart und innerhalb des Kontexts der Abendländischen Tradition".

Die magische Pforte untersucht knapp und prägnant die spezifisch italische Form der Spiritualität im größeren Kontext westlicher traditionaler Studien.

Gewiss gäbe es viel zu diskutieren über die problematische Vorstellung einer ungebrochenen „historischen Kontinuität" von überlieferten initiatischen Strömungen, was hier aber nicht zu erörtern ist. Vielmehr kommt Pantanos Buch das Verdienst zu, organisch und systematisch die grundlegenden Aspekte dieses besonderen „italischen" Stranges der Esoterik (wie er von historischen Befürwortern vertreten wird) zu veranschaulichen, über den in der (deutschsprachigen und) angelsächsischen Welt wenig oder gar nichts bekannt ist, abgesehen von den verdienstvollen Studien des österreichischen Gelehrten Hans Thomas Hakl, einem Experten für evolianisches Denken.

In vierzig (man beachte die Symbolik der Anzahl) Unterkapiteln, die diesen Schlüsseltext gliedern, legt der italienisch-kanadische Forscher die Grundlagen „italischer Spiritualität" klar und übersichtlich dar. Eine Spiritualität, die in olympischen und klassischen Traditionen wurzelt, durch einen mythopoetischen Rahmen verbunden ist und sich in Formen ausdrückt, die eine Metamorphose vom Menschlichen zum Heroischen (*vir*) und vom Heroischen zu den Dimensionen des Heiligen und Göttlichen (*divus*) oder umgekehrt vom Menschlichen zum Bestialischen (Barbarischen) belegen.

Das mythologische Narrativ wird von Eingeweihten bevorzugt, weil es die Vorstellungskraft anzuregen vermag. Die Imagination wiederum ist der gewünschte Nährboden für die Transformation des Selbst, weil sie aufgrund ihrer Formbarkeit für den emotionalen und psychischen Aufbau der Metamorphose förderlicher ist als die körperlichen oder hylischen Seinsebenen, welche durch die bedrückenden Gesetze der Stasis und der notorischen Rückfälligkeit belastet sind. Durch die Nutzung der Imagination (in-mag-inatio) befreit der Eingeweihte Energien bewusst aus den Fesseln der äußeren Sinne, um die Wahrnehmung nach innen zu lenken und das Bewusstsein aus den ständig kreisenden Denkmustern zu befreien und in einen Zustand der Leere zu überführen.

Allerdings bedarf es der kunstfertigen Hand eines Könners, wenn es gilt, die lebendigsten Zeugnisse des Göttlichen zu manifestieren. Durch die Ausübung bacchantischer oder dionysischer Künste durchdringen diese Artisten das Alltägliche und begeben sich in ekstatische und/oder enstatische Zustände, um spirituelles Licht zu entwickeln und beseligende Visionen hervorzubringen, wie sie sich in schöpferischen Werken wie beispielsweise in Giambattista Vicos Verum-factum-Prinzip widerspiegeln: „Das Wahre ist das Geschaffene selber".

Im Wesentlichen, so Pantano, wurzelt die „italische" Einweihungstradition „in einer Lebensanschauung, die ihrem Wesen nach geistig und folglich hermetisch in der Anwendung ist. Die hermetische Geisteshaltung sieht das Leben als ein allumfassendes und eng vernetztes Ganzes aus der Kraft des ursprünglichen Einen (Ursache). Wie der hinlänglich bekannte Satz „Wie oben, so unten ..." aus der *Tabula Smaragdina* des Hermes Trismegistos nahelegt, gibt es ein ununterbrochenes Ausströmen und Ausfließen, das den Makrokosmos mit dem Mikrokosmos verbindet, wo jedes Einzelne mit jedem Anderen kraft des Geistes verbunden ist. Folglich besteht die hermetische Transmutationslehre im „virtualen Übergang von einem Seinszustand in einen anderen [...]".

In der Italischen Tradition ist die Initiation am besten symbolisiert durch die magische Pforte, welche die alten Römer dem Patronat des Gottes Janus weihten, der über den sicheren Durchgang durch Tore wachte, und zwar vom Eintritt bis zum Austritt bzw. von Türschwelle zu Türschwelle.

So ist es kein Zufall, dass dieser Text den Titel „Die magische Pforte" trägt, denn damit bezieht sich der Autor sowohl auf die erfolgreiche Transformation von einem Seinszustand in einen anderen wie auch auf die „Porta Magica", jene berühmte Pforte, die der Alchemist Marquis Massimiliano Palombara (1614–1680) an seiner Villa auf dem Esquilino-Hügel vor den Toren Roms bauen ließ – und die noch heute in den Gärten der Piazza Vittorio Emanuele II. in Rom steht.

Der Fülle an kuriosen Ansichten und Interpretationen stellt der Autor hier eine alchemistisch-magische Auslegung der auf der Porta Magica eingravierten Symbole und Inschriften gegenüber. Sie stammt vom neapolitanischen Hermetiker Giuliano Kremmerz (alias Ciro Formisano, 1861–1930), dem führenden Vertreter der sogenannten „italisch-ägyptischen" Initiationstradition und aus seinem gleichnamigen Werk *La Porta Ermetica* von 1910. Pantano widmet dem ausreichend Raum, sowohl um die Bedeutung von Kremmerz und der von ihm gegründeten Bruderschaft von Myriam, einer der wichtigsten italienischen esoterischen Gruppierungen des 20. Jahrhunderts, als auch deren indirekten und direkten Vorläufern (Giambattista Vico, Cagliostro, Domenico Bocchini und Giustiniano Lebano) näher auszuführen.

Ebenso gebührend werden im dritten und vierten Teil seines Buches andere italienische okkulte Zirkel des 20. Jahrhunderts behandelt, die mehr oder weniger freiweg mit der Italischen Hermetik in Verbindung gebracht werden können: beispielsweise die Gruppe von UR (mit Bezug auf die Schola Italica des Amedeo Rocco Armentano [1886–1966] und Arturo Reghini [1878–1946]) oder der Corpo dei Pari, ein esoterischer Zirkel, der in den frühen 1960er-Jahren vom Juristen Giammaria Gonella (1924) rund um die schillernde Gestalt des Barons Ricciardo Ricciardelli (alias Marco Daffi) gegründet wurde, der in den 1920er-Jahren ein fleißig frequentierter Bekannter von Kremmerz war.

Von besonderem Interesse ist der letzte Abschnitt, welcher der Untersuchung der *Goldenen Verse* des Pythagoras, der Initiationssymbolik des „Goldenen Zweiges" und bestimmten Aspekten der dionysisch-orphischen Einweihung gewidmet ist. Allesamt wichtige Themen, die mit den Grundlagen der ersten beiden Buchabschnitte untrennbar zusammenhängen, welche die Ursprünge, Formierung und Entfaltung der sogenannten „Italischen Tradition" über die Jahrhunderte hinweg erörtern und auf die vielschichtigen Kontexte und Hauptakteure (Cicero, Ovid, Vergil, Simmachus, Dante, Ficino, Campanella etc.) der lateinischen und italienischen Kulturen verweisen.

Zusammenfassend lässt sich sagen, dass *Die magische Pforte* von David Pantano – wohlgemerkt wundervoll illustriert von Josef Stefanka – ein absolutes Novum in der englisch- und deutschsprachigen Esoteriklandschaft darstellt und nun als unentbehrlicher Wissenspool dienen wird, um prägnante Themen und hintergründige Fragestellungen im Zusammenhang mit der Italisch-hermetischen Weisheit und ihren eigenwilligen Widerspiegelungen innerhalb der Universalen Tradition zu entdecken und zu vertiefen.

Diese Studie ist sowohl der breiten Öffentlichkeit als auch den (mit der Sprache der Eingeweihten einigermaßen vertrauten) Leserinnen und Lesern dringend zu empfehlen, außerdem jenen, die neugierig geworden sind oder sich ernsthaft mit der Materie befassen wollen.

Gaetano Lo Monaco

TEIL 1

Die Initiation mit dem Goldenen Zweig

n der römischen Mythologie ist der Goldene Zweig[1] ein Ast mit goldenen Blättern aus einem heiligen Hain, der es dem trojanischen Helden Äneas ermöglichte, sicher durch die Unterwelt zu reisen. Der Zweig war Persephone, der Königin der Unterwelt, geweiht sowie mit der Göttin Diana assoziiert. Die Äneas-Legende[2] und der Goldene Zweig – wie in der *Aeneis* des römischen Dichters Vergil geschildert – zählen zu den wichtigen Mythen der abendländischen esoterischen Tradition. Antike Legenden berichten von westlichen Landen, die unter dem Namen Hesperia[3] bekannt waren

---

1   *Der Goldene Zweig* von Sir James Thomas Frazer ist eine klassische Studie über Magie, Mythologie und Vergleichende Religionswissenschaft. Frazer präsentiert dort die Vorstellung einer stufenweisen Entwicklung des menschlichen Bewusstseins, in deren Verlauf die primitive Magie von der Religion und die Religion wiederum von der Wissenschaft verdrängt wird.

2   Äneas – a) Sohn der Liebesgöttin Venus, Fürst dardanischer Abstammung, war einer der wenigen trojanischen Kämpfer, die den trojanischen Krieg überlebten. Äneas wurde von den Dichtern aufgrund seiner Hingabe und seines Bestrebens, gegen sämtliche ihn bedrohende Unbilden die Traditionen seiner Ahnen aufrechtzuerhalten, der Beiname Pius verliehen. In vieler Hinsicht verkörpert er den evolianischen „Menschen inmitten von Ruinen", insofern er den Prinzipien der Tradition inmitten des Chaos des Kali Yuga treu geblieben ist. b) Äneas kann als Schutzheld des Abendlandes angesehen werden, da sich in seinem existenziellen Dilemma unser eigenes widerspiegelt. Äneas überlebte einen langandauernden Krieg, sein Volk wurde vernichtet, seine Heimatstadt zu Asche verbrannt – und doch ließ er sich nicht davon abbringen, neu zu beginnen und den zu erneuter Verwurzelung geeigneten Ort ausfindig zu machen, was in der modernen Seele einen tiefen Eindruck hinterlässt. Der äneische Archetyp ist höchst relevant für die Moderne, namentlich mit Blick auf die Suche nach Identität, eigenem Selbst, Tradition, und einem Herd, der eine lebenswürdige Zukunft verbürgen könnte.

3   Hesperia – a) In der griechischen Mythologie: Hesperos. Hesperia (altgriechisch: Ἕσπερος, Hesperos) ist der Abendstern, der nach Sonnenuntergang hervortretende Planet Venus. Er ist der Sohn der Göttin der Mor-

und einer von Venus, dem Abendstern, vorgezeichneten Bahn folgten. Venus, die Göttin der Liebe, Mutter von Äneas und Schutzherrin der Trojaner sowie deren Nachkömmlingen, steht ihrem Sohn helfend zur Seite, wann immer die Götter danach trachten, ihm Schaden zuzufügen, indem sie Zwietracht unter ihnen sät. Diesen Legenden zufolge erscheint Äneas der Geist seines Vaters, der ihm befielt, die Unterwelt aufzusuchen, denn dort würde er erfahren, was die Zukunft seinem Volke bringen werde. Zunächst muss Äneas sich indessen auf die Suche nach jenem Orakel machen, das als Sibylle von Cumae bekannt ist; sie wird ihn zum Land der Toten führen. Äneas findet das Orakel und erfährt, dass er ohne den Goldenen Zweig die Unterwelt nicht sicher durchqueren kann. Als er den Wald betritt, um den heiligen Zweig zu suchen, geleiten ihn zwei Tauben zu einer Eiche, die den Zweig schirmt und bei der eine Pforte in die Unterwelt hinabführt, zur Wohnstätte der Götter, Helden und Dämonen von Hesperia.

Äneas, der archetypische Held der Initiation

Pius Äneas verkörpert den Typus des vollkommenen Römers. Er ist unser Bezugspunkt und repräsentiert das beispielhafte Modell des dardanischen Geschlechts. Die Vorgänge, die Teil seiner Initiation waren, gehören zur orphisch-pythagoreischen Tradi-

---

genröte, Eos (römisch: Aurora), und der Halbbruder ihres anderen Sohnes Phosphoros (auch genannt Eosphoros, der „Morgenstern"). Hesperos' römische Entsprechung ist Vesper (vgl. „Abend", „Abendmahl", „Abendstern", „Westen"). Hesperia (altgriechisch: Ἑσπερία) kann sich auch auf folgende Personen und Orte beziehen: Hesperia, eine der Hesperiden, ist manchen Quellen zufolge (z. B. Pseudo-Apollodoros) die Tochter des Hesperos. Hesperia wird auch Asterope genannt, die Frau oder Geliebte von Aisakos und Tochter des Flusses Kebren. b) Hesperia ist das „westliche Land", die altgriechische Bezeichnung für Italien, die Iberische Halbinsel und Nordwest-Afrika, die man sowohl in altgriechischen als auch in byzantinischen Quellen findet. *Bucolics, Aeneid, and Georgics of Virgil* (Ginn & Co). *Litus in Hesperium; quaerit pars semina flammae* (wörtlich: Ein Ufer in Hesperia [Italien]; ein Teil sucht Keime der Flamme) (*Aeneis* VI 6).

Aeneas

tion und liefern den Beweis für die römische und italische (nicht-italiotische) Legitimität des Pythagoreismus.[4]

Der Mythos vom Goldenen Zweig, wie er von Vergil erzählt wird, umreißt die Hauptcharakteristika eines Initiationszweiges, der jenem spezifischen Volk zu eigen war, das später den Kern der römischen Tradition bilden sollte. Diese Initiationsform zeigt – ihrer äußeren Hüllen entkleidet und auf ihr Wesen reduziert – einen Weg zur Rückgewinnung der eigenen Identität und Tradition auf.[5] Dieselben Motive manifestieren sich im Verlauf des Zeitenrades entsprechend den Zyklen von Leben, Tod und Wiedergeburt.

Sie künden von einem vergangenen Goldenen Zeitalter, einem entwurzelten Baum des Lebens, von langwährenden Kriegen, Invasionen und von einer im Verfall begriffenen Zivilisation. Mit einem Wort: von einer Entfremdung von der ewigen Tradition, von der Giordano Bruno meinte, sie sei zu einem „kränklichen, blutenden Baum geworden, zu einem verlassenen Baumstumpf, der für ein Jahrtausend unfruchtbar bleiben wird".[6]

---

4   Sebastiano Recupero, *Amor*, Furnari 1990.

5   Äneas' Suche nach seiner Identität und Heimat spricht sich in den verschiedenen Mythen und Legenden aus, in denen seine Geschichte erzählt wird. Die Verwüstung seines ehemaligen Heimatlandes (Troja), die Mühen, seine Familie und die heiligen Relikte (palladium) heimlich aus Troja hinauszuschaffen, um eine neue Heimat zu finden und dort seinen Altar wieder zu errichten, beschreibt die gesamte Reise einer Integration des Selbst in die Tradition. Äneas sucht kein neues Land, sondern viel eher sein verlorenes Heimatland, wo er in Frieden leben kann und seine Nachkommen gedeihen können. Dies wird in der *Aeneis* bestätigt, wenn Dido, die Königin von Karthago, Äneas fragt, worauf er zusteure und er darauf antwortet:
> „Ich suche nach meiner Heimat, Italien,
> Die Wiege meines Geschlechts
> das vom höchsten Jupiter abstammt."

6   Giordano Bruno, *Von den heroischen Leidenschaften*, übers. u. hg. v. Christiane Bacmeister, Hamburg 1989, 44: „Deshalb also ist der Heros als Toter lebendig und als Lebender tot. Deshalb sagt er: In lebendem Tode totes Leben lebe ich! Er ist nicht tot, denn er lebt im Objekt; er ist nicht lebendig, denn er ist tot in seinem Innern; des Todes beraubt, weil er Gedanken um das Objekt gebiert; des Lebens beraubt, weil er in sich nicht mehr gedeiht und empfindet. Er ist tief unten durch die Betrachtung der Hoheit des Er-

Diese Legenden sagen ferner einen künftigen Zyklus der Wiedergeburt und des Wiederaufstiegs voraus, der in ein neues Goldenes Zeitalter einmünden und von furchtlosen Wesen beherrscht sein werde – Wesen, die den alten Weisen zufolge eine Zwischenstellung zwischen Menschen und Göttern einnehmen und als Heroen bezeichnet werden.[7]

Welche Bedeutung kann der Goldene Zweig aus heutiger Sicht für die Menschen haben? Was können wir aus einer Suche lernen, die jenen, die ihrer würdig sind, eine sichere Durchquerung der Unterwelt verspricht? Welchen Bezug zur Transzendenz, zum Geistigen und Göttlichen hat der heutige Mensch?

Der orphische Abstieg durch den Fluss Mnemosyne

In der orphischen Tradition wurde den Eingeweihten eine Technik gelehrt, aus der Mnemosyne, dem Unterweltsfluss der Erinnerung, zu trinken, um ihr Bewusstsein vermittels eines Sublimationsprozesses zu reinigen und ihr wahres Selbst zu finden, d. h. zugleich: um dem endlosen Transmigrationsprozess der Seele ein Ende zu setzen. Diese Tradition wurde den Nachfahren des Äneas übermittelt, um den Weg des Lichts zum Abendstern (Venus) zu verfolgen und die Länder von Hesperia neu zu beleben. Die Suche nach diesem ver-

---

kennbaren und der erfaßten Schwäche seines Vermögens; er ist hoch oben durch das Streben der heroischen Sehnsucht, die seine Grenzen bei weitem übersteigt; er ist hoch oben durch den Trieb der Vernunft, der ohne Maß und Ende Zahl an Zahl reiht; er ist tief unten durch die Gewalt, die ihm von dem entgegengesetzten Trieb des Gefühls angetan wird, der bleischwer zur Hölle zieht."

7 Vgl. Karl Kerényi, *Die Heroen der Griechen*, Zürich 1958, 13: „Der Heros, wie er uns in seinen ‚Geschichten' entgegentritt, gehört sicherlich noch mehr als die Götter der Griechen in eine philosophische Menschenlehre. Seine rein menschliche Charakterisierung ist durchaus möglich. Es fällt indessen auf ihn ein Glanz, den wir vom Standpunkt der Religionsgeschichte aus, für die das Göttliche jenes Gegebene ist, von dem sie ausgeht, den Glanz des Göttlichen nennen dürfen [...] Der Glanz des Göttlichen, der auf die Gestalt des Heros fällt, ist eigentümlich vermischt mit dem Schatten der Sterblichkeit."

lorenen Reich beginnt im Inneren mit der Gewinnung des Selbst und der Fixierung des Bewusstseins auf den Grund des Selbst in der Seele (*Numen*).[8]

Denn im Zentrum des Mythos vom Goldenen Zweig steht eine orphisch-pythagoreische Initiation, welche auf geistige Wiedergeburt und Transformation des Eingeweihten abzielt.[9]

Bei dieser Initiation wird die Seele im Laufe eines Sublimierungsprozesses umgestaltet, namentlich durch Verinnerlichung, Freisetzung beziehungsweise Gewinnung eines auf das Selbst zentrierten Bewusstseins (*Materia Prima*). Das im ontologischen Wesensgrund wurzelnde Bewusstsein initiiert eine *metanoia*[10] bzw. große Verwandlung der materiellen Seelenelemente[11], und zwar

---

8   Numen – Der altrömische Terminus für die Seele, die Quelle bzw. das transpersonale Wesen des Seins. Im Kontext der Erfahrung ist das Numen die irreduzible und ursprüngliche Wurzel des Bewusstseins. In der Hermetik wird das Numen (Seele) als Monade bzw. numenale Wurzel bezeichnet, die die Matrix der Elemente verbindet: Luft (Aeria bzw. Lebenskräfte) mit Feuer (Ignis bzw. Bewusstsein), die in der ätherischen Quelle (Äther bzw. Raum) der höchsten Realität verortet sind.

9   Orphische Initiation – Fritz Graf / Sarah Iles Johnston, *Ritual Texts for the Afterlife: Orpheus and the Bacchic Gold Tablets* (Routledge, 2007); Ana Isabel Jimenez San Crist, *Instructions for the Netherworld: The Orphic Gold Tablets* (Alberto Bernabe, Brill, 2008).

10   Metanoia – Ein klassisch-griechischer Terminus (μετάνοια) für die innere Verwandlung, einen Wechsel in der geistigen Orientierung, eine transformative Veränderung des Herzens oder eine geistige Umwandlung. Abgeleitet vom Verb *metanoiein*, „seinen Sinn ändern".

11   Seelenelemente – Die anfängliche Ausprägung des Seins durch die Seelengrundlage als vier Elemente. Die Elemente beziehen sich auf das klassische Weltverständnis der vier grundlegenden Komponenten im Herzen des Universums, wie dies von Aristoteles und anderen altgriechischen Philosophen dargelegt wurde. Der griechischen Philosophie zufolge basiert diese Theorie auf der Überzeugung, dass das Universum aus vier „Elementen" (Platon, 375 v. Chr.) bzw. „Wurzeln" (Empedokles, 445 v. Chr.) bestehe: Erde, Luft, Wasser und Feuer. Aristoteles fügte ein fünftes Element hinzu, den Äther, der in Indien auch als *akasha* und in Europa als Quintessenz bekannt ist. Die Vorstellung von der Pentade der fünf Elemente bildete eine Grundüberzeugung sowohl im Hinduismus wie auch im Buddhismus. Im Hinduismus bezeichnen – vor allem im esoterischen Kontext – die vier materiellen Zustände die Materie, während ein fünftes Element das jenseits der materiellen Welt befindliche (d. i. die Seele) bezeichnet. W. K. C. Guthrie,

durch Freisetzung des Ignis-Prinzips (Feuer) und ihm entsprechender Kräfte.[12]

Die im Verlauf der Einweihungspraxis geübte Kultivierung des Feuer-Elements verwandelt die Psyche und ihre amphibienhaften Bewusstseinsströme gleichsam „an Land" (im phänomenalen Bereich) und „im Meer" (im astralen Bereich), um das Bewusstsein mit wundersamen Kräften der Erkenntnis und Imagination zu steigern, die symbolisch in den geflügelten Füßen des Hermes dargestellt sind[13] – Kräfte, die äußerlich durch den körperlichen Rahmen hindurchbrechen und sich innerlich in astralen Abläufen (in Träumen, Visionen, Imagination, etc.) äußern. Inspiration – gleichviel, ob sie sich in Form von Gedanken, Einsichten, Träumen oder transzendenten Visionen darstellt – ist stets eine innere Manifestation geistiger Kräfte. Als Herr der inneren und äußeren Gefilde, agiert der eingeweihte Held auf Grundlage einer größeren Freiheit, insofern er innerlich erworbene Fähigkeiten mit den äußeren verknüpft,

---

A History of Greek Philosophy. The Earlier Presocratics and Pythagoreans (Cambridge).

12   Feuer-Element – Avicenna, *Canon of Medicine* (1999), 16f. Die natürliche Position des Feuers liegt über den anderen Elementen und es verfeinert und veredelt alles, vermischt sich mit allem. Seine durchdringende Kraft ermöglicht ihm, die Luft zu durchqueren. Aufgrund dieses Vermögens umfasst es die beiden schweren und kalten Elemente (Wasser, Erde) und erhält die Harmonie zwischen den Eigenschaften der Elemente. Das Feuer dehnt sich aus, steigt auf und bewegt sich zu den äußeren Grenzen hin. Eine jede Substanz, die ihrer Natur nach reaktionsfreudig bzw. katalytisch ist, ist feuerhaft. Giuliano Kremmerz, *Opera Omnia IV*, 170f.: „Das Feuer der Liebe ist das erste Feuer der Gnosis (Identifizierung mit Licht). Geist und Atem sind ein Feuer, welches die schwere Materie chemisch in ätherische Materie verwandelt. Das Wort *spiritus* enthält die Wurzel *Pir*, was Feuer bedeutet, und in diesem Feuer der Liebe liegt die verwandelnde Kraft des Engels Uriel…". Giovanni Pontano bezieht sich in seinem *Brief über das Philosophische Feuer* auf Himmlisches und Philosophisches Feuer.

13   Hermes wird mit Flügeln an seinen Sandalen beschrieben und verehrt. Er war der schnellste aller griechischen Götter. Seiner Schnelligkeit wegen wurde Hermes die Rolle des Götterboten und Seelengeleiters in die Unterwelt zuteil. Der Legende zufolge war er der einzige olympische Gott, dem es erlaubt war, Himmel, Erde und Unterwelt zu besuchen. Die hermetische Literatur bezeichnet Hermes' Stern bzw. Himmelslicht als Kometen, Meteor oder Sternschnuppe; *The Book of AK Z UR*.

um sich mit einer breiteren und tieferen Dimension des Selbst zu verbinden.[14]

Der eingeweihte Held durchläuft eine Verwandlung des Bewusstseins, welche sein Identitätsverständnis in radikaler Weise umorientiert. Diese innere Metamorphose transzendiert die gewöhnlichen raum-zeitlichen Grenzen und öffnet innere Kanäle, die die Aufnahme geistiger Kräfte erleichtern – gleich jenen Kräften, die bei Äneas im Mythos vom Goldenen Zweig freigesetzt wurden. Vom initiatischen Standpunkt aus betrachtet, fungiert der Goldene Zweig als Instrument bzw. Ast, durch den das Blatt (Individualseele) mit dem Stamm (spirituelle Tradition) verbunden wird. Nun sind traditionelle Gesellschaften ihrer Natur nach auf sakrale Dimensionen hin ausgerichtet, wobei die geheiligten Objekte – Kunst, Archi-

---

14   Selbst – Bezieht sich auf das transzendentale „Ich", den bewussten Vektor, der im Herzen des Seins, welches der Konstitution des personalen Selbst vorangeht, verortet ist. Die Verwirklichung des Bewusstseins vom Selbst wird in der hermetischen Literatur als Fixstern (Stella Fissa) bezeichnet. In der Alchemie ist die Wurzel des Seins die erste Natur (Materia Prima) des Selbst. Die Seele ist das individuierte Quelle des Bewusstseins.
Fixstern – Marco Daffi, *The Avatars*: „[Kremmerz] persönlich berichtete mir davon, was er – gleichsam ironisch – vermutete hinsichtlich des Erwerbs der Fähigkeit, die erlangt werden solle, sobald jemand den sogenannten Fixstern-Zustand, d. i. der Zustand, in dem die vitale Energie des fünften Seinselements (jenseits der vier Körper) sich offenbart, erreicht; d. h. sobald er ein fluider Körper (Hermes' Schwingen) geworden ist, der auf subtile Weise die vier Elemente einschließt, sodass diese nach dem Tod ihre gemeinsame Verbindung nicht verlieren, sondern in einen Zustand der Ruhe und Unbeweglichkeit eintreten. Darüber hinaus wird selbst im existenziellen Kontext die Beschaffenheit der höheren Körper des Selbst, des geistigen (solaren) und des intellektiven (merkurischen) – versammelt im Zentrum des Kreuzes (der Matrix des Selbst) des Individuums (sowohl im manifestierten wie im verborgenen Sinne) –, beweglich. Derart bilden sie das, was die Alchemisten als Lampe (*ampoulle*) bezeichnen, d. i. ein Komplex vitaler Energie, der ein formendes und vermittelndes Medium der beiden Körper erzeugt, der die eigentlichen psychischen Aktivitäten konstituiert und der die potenziellen Qualitäten der beiden niedrigeren Körper in sich aufnimmt. So bleibt die Matrix des Selbst bzw. die Vierheit der Elemente (solar, merkurisch, lunar, saturnisch) auch auf der hylischen Manifestationsstufe verbunden; und auf astraler bzw. verborgener Ebene, im post-mortalen Zustand, bilden die Elemente eine erneute Vierheit, die Bewusstsein, Wahrnehmungsvermögen und eine Erscheinungsform – sogar in gesteigertem Maße – bewahrt."

tektur, Literatur, historische oder religiöse Gestalten – mit Eigenschaften versehen werden, die der Verbindung des einzelnen Blattes mit dem Stamm zuträglich sind. Die Öffnung geistiger Kanäle gewährt dem eingeweihten Helden innerlich erfahrbare Referenzpunkte (*anamnesis*), vermittels derer er das Wesen des Selbst und die in die Seele einströmenden geistigen Kräfte zu erkennen vermag. Die mit dem Goldenen Zweig verknüpfte *katabasis* sublimiert das Bewusstsein durch eine Reinigung der Seele von profanen Anhängseln und die Auslöschung jedweder Fremdidentifikationen (Meinungen), bis zur Verwirklichung einer tiefliegenden und transzendenten Leere im eigenen Wesenskern.

Im alten Indus-Tal wurden jene als Aryas oder Edle bezeichnet, die den inneren Zustand des Befreiten – des *jivamukti*[15] – errungen hatten; dieser Zustand wird im Sinne einer tiefen Bewusstheit beschrieben, in der die Leere realisiert und der Seinskern sogar noch in bewussten Vorstellungen, Gefühlen und Taten bekräftigt wird. In diesem befreiten Zustand, in dem das Bewusstsein nicht an den Objekten hängt, wirken die symbolischen Kräfte des Rituals gleichsam als semiotische Vektoren, um das unbewusste Substrat des Initiierten mit geistigen Einflüssen, die den Archetypen seines Stammes entspringen, zu versehen.

Das Bewusstsein $\triangle$ wird sublimiert, wenn es von $\triangle+-\triangledown$ körperliche Einflüsse verinnerlicht und abtrennt; es wird geläutert, wenn es von lunaren Einflüssen abgelöst ist $\triangle+-\triangledown+-\triangledown$; es verfeinert sich durch Verbindung der Lebenskraft ($\triangle+$) mit dem geläuterten Bewusstsein ($-\triangle+-\triangledown+-\triangledown$), was darauf abzielt, das innere Selbst des Initiierten zu *noumena* ($*+-\triangle+-\triangle+-\triangledown+-\triangledown+$) zu transzendieren, was starke enstatische Zustände, die sich als innere Erfahrung geis-

---

15   Jivamukti – Ein Terminus aus dem Yoga, der sich auf einen Zustand bezieht, in dem die existenzielle Bedingtheit des Individuums überwunden wurde; ein Zustand, in dem das Bewusstsein in die Seele (*Atman*) integriert ist. George Feuerstein, *The Deeper Dimension of Yoga*, Shambala Press, 2003; Mircea Eliade, *Yoga. Immortality and Freedom*, Princeton University Press, 1958.

tiger Kräfte äußern, hervorrufen kann.[16] Innerlich wahrgenomme-
ne *noumena* erscheinen als Resultat der Umsetzung geistiger Kräfte
durch archetypische Formen, die sich ihrerseits in metaphorischen
Darstellungen niederschlagen. Ähnlich wie beim Ritual des Goldenen Zweiges, bei dem Äneas von Persephone die Gabe zur Vorher-
sage der Zukunft der dardanischen *stirpes* empfängt, geht es in den
Ritualen darum, Einflüsse von den siderischen Gestirnen zu empfangen und mithin den eingeweihten Helden mit den geforderten
olympischen Tugenden[17] – die Apollon (Sol), Diana (Luna), Mars,
Venus, Jupiter (Jovis), Merkur und Saturn zugeschrieben werden –
zu versehen; ferner auch mit jenen Tugenden, die mit den *tellurischen* (Vesta) und *chthonischen* Kulten verbunden sind.

16　Kundalini – Bezeichnet die Erweckung, Kanalisierung, Ausdehnung, und
　　Integration von Lebenskraft im Bewusstsein. Swami Satyananda Saraswati,
　　Kundalini Tantra, Bihar School of Yoga, 1984; David Gordon White, *The
　　Alchemical Body. Siddha Traditions in Medieval India*, University of Chicago
　　Press, 1996; Shyam Sundar Goswami, *Layayoga. The Definitive Guide to
　　the Chakras and Kundalini*, Inner Traditions International, 1999.
17　Sieben Göttliche Tugenden – Bezogen auf die Konstellation siderischer
　　Ausdünstungen, die als vertikale Berührungsvektoren innerer Kräfte fungie-
　　ren und denen je spezielle Attribute zukommen. Die klassischen sieben Pla-
　　neten sind die, die mit bloßem Auge gesehen werden können und die somit
　　den antiken Astrologen als Sonne, Mond, Merkur, Venus, Mars, Jupiter und
　　Saturn bekannt waren. Mitunter wurden Sonne und Mond als „die Lichter"
　　oder „die leuchtenden Gestirne" bezeichnet. Astrologen nennen die klassi-
　　schen sieben Planeten „die sieben persönlichen und sozialen Planeten",
　　heißt es doch, dass sie die Haupttendenzen jedes einzelnen menschlichen
　　Individuums repräsentieren. Zu den persönlichen Planeten zählen Sonne,
　　Mond, Merkur, Venus und Mars. Jupiter und Saturn werden oft als die ersten
　　unter den „transpersönlichen" oder „transzendenten" Planeten bezeichnet,
　　insofern sie den Übergang von den inneren persönlichen Planeten zu den
　　äußeren unpersönlichen Planeten markieren. Im Folgenden seien die Pla-
　　neten und die mit ihnen assoziierten Eigenschaften aufgelistet:
　　• Saturn: Verwurzelung, Tiefe, Melancholie, Ruhe
　　• Jupiter: Herrschaft, Fleiß, Jagd
　　• Mars: Soldatentum, Wille, Krieg
　　• Sonne: Vorausschau, Licht, Befruchtung, Musik, Athletik
　　• Mond: Reinheit, Schöpfung, Geburt, Empfänglichkeit, Zärtlichkeit
　　• Merkur: Klugheit, Schlauheit, Mitteilung, Handel
　　• Venus: Verliebtheit, Leidenschaft

Vom Standpunkt der praktischen Initiation aus, wird Magie als die Anwendung einer inspirierten Imagination verstanden, oder genauer: *als Anwendung geistiger Kräfte, die dem Numen vermittels der Imagination in Form von Eingebungen, Einsichten, Intuitionen, etc., entspringen, und dann nach außen – durch die kausalen, astralen und phänomenalen Wirklichkeitsdimensionen – projiziert werden.*

Der magische Akt wird durch geistige Eingebungen im Inneren vorbereitet und vermittels der Imagination veräußerlicht. Gleichwohl ist zu betonen, dass nicht jeder imaginative Akt bereits ein magischer Akt ist. So entstehen Selbstprojektionen lediglich auf Basis intellektueller oder sinnlicher Quellen und sind – wie erfolgreich die erwünschten Effekte auch sein mögen – keine magischen Akte, da bei ihnen die erforderlichen geistigen Komponenten fehlen; sie verbleiben zumal innerhalb eines körper-zentrierten und egoistischen Referenzrahmens. Das Wort „Magie" hängt mit dem alt-iranischen Verbstamm von „machen" zusammen, der gezielten und inspirierten Anwendung geistiger Erkenntnisse und Weisheit.

Die inneren Verwandlungen, die mit der Katabasis des Äneas einhergehen, entsprechen den atavistischen Initiationsformen, wie sie Kulturen mit einer tiefverwurzelten Tradition der Ahnenverehrung eigentümlich sind. Von einer höheren Warte aus betrachtet, ist der Held im qualitativen Sinne Herr sowohl der inneren wie auch der äußeren Reiche, selbstbestimmt und autonom, mit einem gefestigten Wesenskern (Numen, Fixstern). Im Sinne Homers oder Hesiods verkörpert der Held Tugend, Pflichtbewusstsein und Einfachheit.

Eine paradigmatische Verkörperung dieser Haltung bietet der römische Patrizier Lucius Quinctius Cincinnatus (519–430 v. Chr.), der trotz seines fortgeschrittenen Alters auf seinem kleinen Hof arbeitete – bis zur Invasion des benachbarten Stammes der Aequer, die seine Mitbürger dazu veranlasste, ihn mit Staatsgeschäften zu betrauen. Er verließ also seinen Pflug, um die Führung einer aus Stammesmitgliedern bestehenden Miliz zu übernehmen, erlangte einen raschen Sieg über die Aequer und verzichtete nach gewonnener Schlacht auch sogleich wieder auf die Macht, um auf seinen Hof zurückzukehren und dort die Arbeit wieder aufzunehmen. Seine von Erfolg gekrönte militärische Unternehmung und der schnelle Verzicht auf seine quasi-absolute Machtbefugnis nach überstandener Krise (für gewöhnlich datiert auf das Jahr 458 v. Chr.), werden häufig als Beispiele für heroisches Verhalten angeführt: Opferbereitschaft, Dienst an der guten Sache, Bürgertugend, Zurücknahme des persönlichen Ehrgeizes und Bescheidenheit.[18]

Das indoeuropäische Erbe des antiken Latium[19]

Georges Dumézil und Émile Benveniste haben im Laufe des 20. Jahrhunderts mit ihren Forschungen Pionierarbeit geleistet und dazu beigetragen, das Narrativ über die ersten uns bekannten Indoeuropäer umzuschreiben. Im mittleren Neolithikum (ca. 5500–4500 v. Chr.) erschienen die Proto-Indoeuropäer als Nomaden, den kaukasischen Steppen nahe dem nördlichen Kaukasus-Gebiet in Zentralasien entstammend. Ihre Lebensgrundlage war von Pferden und Viehwirtschaft abhängig. Im historischen Zeitalter wurde dieselbe sozio-kulturelle Lebensweise von jenen Völkern aufrechterhalten, die von den Indoeuropäern abstammten und den Griechen bzw. Römern als Skythen bekannt waren. Ihre Sprache zählte zum iranischen Sprachstamm. Basierend auf den Gemeinsamkeiten in der Kultur verschiedener, dem historischen Zeitalter zugehöriger, indoeuropäischer Völker, haben Forscher die Elemente der proto-indoeuropäischen Kultur zu rekonstruieren versucht. Relikte solcher Elemente hat man in römischen und latinischen Bräuchen nachgewiesen. Sie schließen folgende Beispiele mit ein:

---

18 „Lucius Quinctius Cincinnatus" in: Titus Livius, *History of Rome*, Penguin Books, Buch 3.
19 Latiner, Indo-Europäische Stämme – https://en.wikipedia.org/wiki/Latins_ (Italic_tribe).

- Die Institution des Königtums bei den Indoeuropäern weist Anthropologen zufolge auf eine patrilineare Gesellschaftsordnung hin, in der die Abstammung an der väterlichen Linie festgemacht wird und Ehefrauen aus der königlichen Familie nicht zugehörigen Gruppen genommen werden.

- Ein höchster Himmelsgott: Der Hauptgott der Indoeuropäer war ein männlicher Himmelsgott, bekannt als „Himmelsvater", von dem der wichtigste Gott der Latiner, Jupiter, abstammt (abgeleitet vom archaischen „Dieus-Pater", „Himmelsvater"). Ferner verehrten die indoeuropäischen Stämme einen Gott des Donners und Blitzes. Bei den Latinern scheint diese Gottheit mit dem Himmelsgott verschmolzen worden zu sein; ihr wurde die Macht zugesprochen, Donnerkeile zu schleudern. So wurde Jupiter auch mit den Beinamen Jupiter Tonitrans („Jupiter der Donnerer"), Jupiter Pluvius („Jupiter der Regenmacher") und Jupiter Fulgurator („Jupiter der Blitzwerfer") versehen.

- Verehrung des Feuers: Eine wesentliche Einrichtung des alltäglichen Lebens war der häusliche Herd. Die Indoeuropäer sind für die Heiligung des Feuers in ihren religiösen Gebräuchen bekannt. Das prominenteste Beispiel hierfür ist die Feuer-Verehrung der altiranischen Religion des Zoroastrismus. Die Römer bewahrten – der Göttin des Herdfeuers zu Ehren – ein stets brennendes heiliges Feuer im Tempel der Vesta.

Mythen und Symbole des antiken Rom

Mythologie ist die Sprache, durch welche Archetypen sich manifestieren und die Form, durch die geistige Gehalte, die einem jeweiligen Volksstamm eigen sind, sich enthüllen. Mythen sind qua definitionem nicht-zeitlich und nicht-räumlich; sie transzendieren historische und biographische Parameter, um die ewigen Werte, die in der Stammestradition verborgen liegen, kundzugeben.[1]

Die beiden am häufigsten mit der römischen Tradition assoziierten Symbole sind die ewige Flamme, die von der Vesta (Göttin des Herdfeuers) geweihten Priesterinnen gehütet wird, sowie die Wölfin, welche die beiden Zwillingskinder und späteren Gründerväter Roms, Romulus und Remus, säugt.

Das Heilige Feuer der vestalischen Jungfrauen[2]

Zu den berühmtesten und beständigsten Riten der Antike zählte die Weihe einer ewigen Flamme für die Göttin des Herdes im alten Rom. Das Feuer der Vesta war eine Flamme, die auf einem Altar nahe dem Zentrum Roms am Brennen gehalten und von einer Gruppe von Priesterinnen – den vestalischen Jungfrauen – gehütet wurde. Sie kümmerten sich um das heilige Feuer und vollführten die nötigen Rituale, die mit dem häuslichen Leben verknüpft wa-

---

1 Mythen sind die Sprache, in der Archetypen ausgedrückt werden. Ebenso sind, in einem weiteren Sinne, Heroen der Ausdruck und die Synthese aufsteigender tellurischer und absteigender siderischer Kräfte. Dies ist sehr ähnlich jener Bedeutung, die Ezra Pound der Dichtung zugeschrieben hat: „Mythen sind Neuigkeiten, die stets neu bleiben." Mythen sind den äußeren Sinnen unsichtbar, bleiben den inneren Sinnen jedoch stets präsent. Ihre Natur ist proteisch, in dem Sinne, dass ihnen – ohne Rücksicht auf Zeit und Ort – eine fortwährende bedeutungsstiftende Kraft eignet.

2 Vestalische Jungfrauen und das Heilige Feuer der Vesta – *Étude sur les Vestales d'après les classiques et les découvertes du Forum, par l'abbé Élisée Lazaire*, Pardes / Guy Tredaniel, Collection Rebis, 1986.

ren. Besagte Gruppe bestand aus sechs Priesterinnen, die in einem Losverfahren ausgewählt wurden und von denen eine jede für 30 Jahre ihren Dienst zu verrichten hatte. Entsprechend beteiligten sich die vestalischen Jungfrauen auch an der Reinigung der Stadt durch Vollzug jener heiligen Rituale, die jedes Jahr in den Kalenden des März aufs Neue begangen wurden. Die Priesterinnen hatten ein Keuschheitsgelübde abzulegen, auf dass ihre innere Reinheit im Vollzug der Rituale übertragen und günstige Resultate erzielen würde. Die vestalischen Jungfrauen gewährleisteten also den Erhalt der ewigen Flamme, des heiligen Feuers, und hüteten durch diese priesterliche Handlung das ewige Leben des Omphalos bzw. Zentrums, damit Rom immerdar Aeternitas Romae bliebe.

> Die Vereinigung der vier Elemente bildet die fünfte Essenz, die Wurzel von Mond und Sonne (Louis Cattiaux, *Le message retrouvé*).

Im Lichte alchemistischer Vorgänge besehen, symbolisiert die im Herd gebundene heilige Flamme einen inneren (heroischen), aufwärtssteigenden Vektor. In der altrömischen Tradition bedeutet die heilige Flamme (Ignis) in kollektiver wie in individueller Hinsicht ein und dieselben Eigenschaften des Bewusstseins, der Erleuchtung, der Verdünnung, des Aufstiegs und der Transzendenz.[3] Das lateinische Wort *Ignis* ist mit dem Sanskritwort *Agni* verwandt: Beide bezeichnen das Feuer und leiten sich von der selben proto-indo-europäischen Wurzel ab.[4] In den klassischen Mythen des Abendlan-

---

[3]   Das heilige Feuer der Hermetik verweist auf die Weißung Latonas, wo die Grundmatrix des Selbst bis zu dem Punkte gereinigt wird, an dem es einen Zustand der Vollkommenheit (Selbstrealisierung) erreicht hat, der dem Gold entspricht. Auf spiritueller Ebene repräsentiert die Flamme den heroischen Geist im Menschen, der von einem inneren Brennen genährt wird, das in einem Aufschwung zum Göttlichen emporsteigt.

[4]   Agni – In der klassischen Kosmologie der indischen Religionen ist Agni als Feuer – neben Raum (*Akasha/Dyaus*), Wasser (*Jal*), Luft (*Vayu/Varuna*) und Erde (*Prithvi*) – einer der fünf Bestandteile (*Dhatus*), aus deren Zusammenspiel die empirisch-materielle Existenz (*Prakriti*) Gestalt gewinnt.

des verkörpert Prometheus die titanische[5] Entwendung des Feuers, stahl er doch die heilige Flamme von den Göttern. Für diesen Akt der *Hybris* musste er teuer bezahlen, bis – und man beachte die zugrundeliegende Symbolik – er, der Titan, vom olympischen Helden *par excellence*, Herakles, befreit wurde.

Die östlichen Traditionen, allen voran die tantrischen Yantra- und Mantra-Praktiken, verfügen über esoterische Techniken zur Aktivierung von Bewusstseinsenergie. Diese Aktivierung vollzieht sich durch Kanalisierung von Schwingungsströmen (*Vayus*) in vertikaler Richtung zu den höheren Zentren des Subtilkörpers. Im symbolischen Sinne repräsentiert △ (die heilige Flamme) das gleichseitige Dreieck, bei dem die unten befindliche waagrechte Linie als Stütze für den Strudel dient, der senkrecht in der Mitte aufsteigt. Um diesen Aspekt der Nutzbarmachung innerer Energien geht es den Yogis, wenn sie in der Tiefenmeditation die *Padmasana*-Position (Lotussitz) einnehmen, bei der das zentrale Nervensystem sich vertikal um die Wirbelsäule herum windet und gleichsam als Antenne fungiert, um Bewusstseinsenergie auf die körperliche Ebene hinab ▽ zu leiten bzw. umgekehrt bewusst eingeschmolzene Lebensenergie aufwärts △ zur geistigen Freiheit hinzuführen, und zwar vermittels der *Kundalini*-Schwingungen ⚡.

---

5   Prometheus ist ein Titan, der sich den Göttern widersetzte, indem er ihnen das Feuer raubte und es den Menschen brachte – ein Akt, der Fortschritt und Zivilisation ermöglichte. Er ist bekannt für seine Klugheit und als Streiter für die Menschheit. Der unsterbliche Prometheus wurde an einen Felsen gekettet, an dem Tag für Tag ein Adler erschien, um sich von seiner Leber (die Leber wurde bei den alten Griechen häufig als Ort der menschlichen Gefühle verstanden) zu nähren, die dann über Nacht nachwuchs, um am folgenden Tag erneut verspeist zu werden. Manchen Legenden zufolge wurde Prometheus schließlich von Herakles (Herkules) befreit. Die von den Olympiern vollzogene Verbannung der kriegerischen Titanen in die chthonischen Tiefen des Tartarus ist schon seit Homers *Ilias* und *Odyssee* bezeugt, wo sie auch mit den *hypotartarioi*, den „Unterirdischen", identifiziert werden.

Die Wölfin und die Gründung Roms

Im antiken Latium[6] steht der Mythos der die verlassenen Zwillings-babys Romulus und Remus säugenden Wölfin in engem Bezug zur legendären Gründung Roms. Traditionelle Quellen datieren die Gründung Roms durch die beiden Brüder, die aufgrund ihrer kö-niglichen Abstammung die Stammespatrone der drei wichtigsten Stämme des alten Latium waren, auf den 21. April 753 v. Chr. Die-se Stämme bildeten die bedeutendsten ethnischen Gruppen, aus denen sich das alte Rom zusammensetzte. Die Ramnes waren von latinischer (indoeuropäischer) Herkunft, die Tities waren Sabiner (autochthone italische Stämme), die Luceres Etrusker (eine Mi-schung aus Indoeuropäern und Nicht-Indoeuropäern). Den alten Legenden zufolge wurden die Brüder Romulus und Remus als die legitimen Nachfahren des Äneas betrachtet, dessen vom Schicksal bestimmte Rückkehr ins Reich seiner Ahnen, d. h. nach Italien, von Vergil in der *Aeneis* beschrieben wurde. Nun waren die Etrusker[7]

---

6   Latium ist das Gebiet um Rom herum, einschließlich Alba Longa, wo – wie alte Legenden bezeugen – Äneas sein Königreich errichten und das darda-nische Geschlecht fortsetzen sollte.

7   Etrusker – Es gibt Forscher wie Nancy Sandars, Michael Wood und Eber-hard Zangger, die davon ausgehen, dass es sich bei den Teresh und den Tyrsenen um ein und dasselbe Volk handelt. Die Teresh sind eine ethnische Gruppe, die in späteren ägyptischen Quellen unter den Seevölkern aufge-führt ist, wobei die Seevölker wohl eine Seefahrer-Konföderation waren, die das alte Ägypten und andere Regionen im ost-mediterranen Raum vor und während des Zusammenbruchs der späten Bronzezeit (1200–900 v. Chr.) angegriffen haben. Sie werden in einigen ägyptischen Inschriften aus der Zeit um 1200–1150 v. Chr. erwähnt. Eine berühmte Passage bei Herodot beschreibt die Auswanderung der Lyder aus Anatolien aufgrund einer Hun-gersnot (*Historien I*, 94): „Zur Zeit des Königs Atys, Manes' Sohn, herrschte in ganz Lydien große Hungersnot. [...] Da schied der König das ganze ly-dische Volk in zwei Gruppen und ließ das Los entscheiden: die eine Hälfte sollte im Lande bleiben, die andere sollte auswandern. Der König selber trat mit auf die Seite derer, die bleiben mußten, und gab den Auswandernden seinen Sohn mit, namens Tyrsenos. Da zog denn die Hälfte, die das Los zum Auswandern verurteilte, hinab nach Smyrna, baute dort Schiffe [...] An vielen Völkern schifften sie vorüber und gelangten zum Lande der Umbrer. Dort siedelten sie sich an [...] änderten ihren Namen in Tyrsener."

Romulus

von tyrrhenischer (nicht-griechischer) Abkunft und „tyrrhenisch"
war die griechische Bezeichnung für die Etrusker. Obwohl es keine
klaren Angaben über ihre genaue Herkunft oder Entstehung gibt,
behauptet eine noch immer verbreitete Theorie, dass die Vorfahren
der Etrusker ursprünglich aus Lydien, nämlich entlang der ägäi-
schen Küste nord-westlich von Anatolien, kurz nach dem Fall Trojas
um 1250 v. Chr., nach Italien kamen.

Die Ursprünge des römischen Gründungsmythos sind Gegenstand einer andauernden Debatte. Möglicherweise bezogen die ersten Einwohner ihre Mythen von den autochthonen Stämmen La-
tiums. Legenden berichten, dass die Zwillinge Romulus und Remus auszogen, um eine eigene Stadt zu gründen und in Uneinig-
keit darüber gerieten, auf welchem Hügel dieselbe zu errichten sei.
Romulus bevorzugte den Palatin-Hügel, der sich über der Luper-
cal-Höhle erhob, Remus den Aventin-Hügel. Da sie sich nicht einigen konnten, suchten sie den Willen der Götter durch Weissagung
zu ergründen. So erblickte Remus zunächst sechs glückverheißende Vögel; doch gewahrte Romulus kurz darauf ihrer zwölf und be-
anspruchte, die göttliche Zustimmung für seinen Plan erhalten zu
haben. Indessen war ihr Streit damit keineswegs geschlichtet, sondern dauerte fort und führte schließlich zu einem Kampf, in dem
Romulus seinen Bruder tötete. Wie die mündliche Überlieferung
uns glauben machen will, errichtete Romulus nun die Stadt Rom
mit ihren Institutionen, ihrer Staatsführung, ihren militärischen
wie religiösen Traditionen und herrschte für viele Jahre als Roms
erster König.

Romulus und Remus – die Zwillingsseelen Italiens

Die Mittelmeerregion oder – wie der Name suggeriert – „Mitteler-
de" liegt an einem Knotenpunkt, der verschiedene Völkerschaften
mit unterschiedlichen Traditionen und geistigen Orientierungen
verbindet. Das in ihrem Zentrum gelegene Italien war – und ist
noch immer – ein Land, das viele verschiedene bzw. voneinander

abweichende Traditionsstränge aus allen vier Himmelsrichtungen aufzunehmen und sich anzuverwandeln vermag.

Das Bild des archaischen Römers[8] wird oftmals recht eindimensional gezeichnet, was über die sehr unterschiedlichen und in vieler Hinsicht heterogenen Komponenten hinwegtäuscht, die zur Genese der römischen Seele beitrugen.[9] Unter der scheinbar homogenen Hülle finden sich eine Vielzahl untergründiger Ströme, aus denen sich das Römertum speist, die jedoch in ständigem Konflikt zueinander standen und in *zwei Seelen* einmünden, besser bekannt unter ihrer gesellschaftlichen Klassifizierung als patrizische und plebejische Schichten.[10] Diese beiden Seelen bezeichnet man am bes-

---

8   Archaisches Rom – Bezieht sich auf die altrömische Gesellschaft während der vorrepublikanischen Herrschaft der zwölf römischen Könige. Dabei war der König Roms (Rex Romae) oberster Magistrat des Römischen Reiches. Gemäß der Legende war Romulus, der die Stadt im Jahre 753 v. Chr. auf dem Palatin-Hügel gegründet hatte, der erste König Roms. Es heißt, sieben mythische Könige hätten Rom bis 509 v. Chr. beherrscht. Dann wurde Lucius Tarquinius Superbus gestürzt. Die auf Romulus folgenden Könige waren offenbar keine Erbkönige und es gibt keinen Hinweis auf das Prinzip der Erbfolge vor dem fünften König Tarquinius Priscus. Dementsprechend wurde verschiedentlich vermutet, dass die Tarquinier bzw. ihr Versuch, gegen die frühere Wahlmonarchie ein Erbkönigtum zu installieren, zur Entstehung der Republik führte.

9   Römische Seele – Julius Evola, *La Tradizione di Roma*, Edizioni di Ar, 1977; Julius Evola, *Revolte gegen die moderne Welt*, Arun-Verlag, 1993; J. J. Bachofen, *Myth, Religion and Mother Right*, Princeton University Press, 1967.

10   Patrizier und Plebejer – Livius zufolge bezeichnete man die ersten 100 von Romulus zu Senatoren ernannten Männer als „Väter" (*patres*), aus deren Nachfahren sich die Patrizierschicht bildete. Einer anderen Auffassung zufolge waren die Patrizier (*patricii*) diejenigen, die auf Väter verweisen konnten, d. h. jene, die Teil der Sippen (*gentes*) waren. Die Patrizier waren von den Plebejern insofern verschieden, als sie über einen größeren politischen Einfluss verfügten, zumindest in der Zeit der frühen Republik. Als in der mittleren und späteren Republik dieser Einfluss abnahm, erhielten die Plebejer in verschiedenen Bereichen die gleichen Rechte, und sie durften eine bestimmte Anzahl von Beamten, einschließlich einen der beiden Konsuln, stellen. Zu Beginn der Republik waren die Patrizier in den Versammlungen besser repräsentiert. Nur sie konnten politische Ämter bekleiden und das gesamte Priestertum war den Nicht-Patriziern verschlossen. Man glaubte, dass die Patrizier in einer besseren Verbindung mit den römischen Göttern standen, sodass allein sie die heiligen Riten und Auspizien durchführen konnten.

ten mit den Namen, unter denen die Gründer Roms bekannt sind: als Romulus'sche Seele und Remus'sche Seele.

Diese beiden gänzlich verschiedenen Seelen lassen sich von der Gründung Roms ausgehend durch die gesamte römische Geschichte bzw. *romanitas*[11] hindurch bis ins moderne Italien hinein ausmachen. Der Konflikt zwischen diesen miteinander konkurrierenden Seelen bzw. geistigen Orientierungen spitzte sich während der drei Punischen Kriege zu, als Karthago Rom die Stirn bot. Auf dem Höhepunkt dieser Konflikte, nämlich als die Karthagischen Truppen unter Hannibal (218–202 v. Chr.) Italien verheerten, waren die auf der italienischen Halbinsel ansässigen Gemeinschaften dazu gezwungen, entweder die autochthon-hesperische oder die aus dem Süden einfallende Partei zu unterstützen. Die Seele der künftigen italischen Völkerschaften stand auf dem Spiel. Die überwiegende Mehrheit der Gemeinschaften stellte sich auf die Seite Roms; manche indes liefen über und verbündeten sich mit Karthago. Der endgültige Sieg Roms über Karthago brachte Italien – und in der Folge: die westliche Welt (Hesperia) – hervor. Damit verblieb es innerhalb der nordisch-abendländischen Tradition, die mit den mythischen hyperboreischen und atlantischen Traditionen verbunden war und sich von den südlichen und östlichen Traditionen unterschied.

Bachofen über die Olympische Männlichkeit

Einer der ersten Autoren, der ein tieferschürfendes und überzeugenderes Narrativ von den inneren Komponenten, aus welchen sich die altrömische Gesellschaft konstituierte, entwarf, war der Schweizer Historiker Johann Jakob Bachofen.[12] Er entwickelte eine groß

---

11   Romanitas ist ein lateinischer Begriff, der erstmals im 3. Jh. n. Chr. geprägt wurde. Er meint so viel wie Römertum und wurde von modernen Historikern dafür verwendet, die römische Identität bzw. das römische Selbstbild zu bezeichnen. Romanitas ist mithin ein recht weit gefasster Begriff für die politischen, kulturellen, religiösen und gesellschaftlichen Bräuche, durch die die Römer sich selbst definierten.

12   Johann Jakob Bachofen (1815–1887) war ein Schweizer Altertumsforscher,

angelegte Überblicksdarstellung der allgemeinen Entwicklungs-
stufen, die die antike Welt durchlief und die am besten als Konflikt
zu beschreiben sind zwischen auf das uranische bzw. geistige „Va-
terrecht" hin orientierten Gesellschaften und solchen, die stärker
einem erdgebundenen, körperlich-materialistischen „Mutterrecht"
zugeneigt waren.

Die von Bachofen herausgestellte Allgemeingültigkeit und Un-
ausweichlichkeit dieses gesellschaftlichen Widerstreits zwischen
weiblich-materiellen und männlich-geistigen Prinzipien war das
Leitmotiv bzw. die vorherrschende Kraft, die Rom dazu befähigte,
eine Rolle von welthistorischem Ausmaß zu spielen und nahm gewissermaßen den Kampf vorweg, der innerhalb des eindrucksvollsten Phänomens der alten Welt, d. i. Rom und sein Reich, ausgetra-
gen wurde.

Die ambivalente Beziehung der Stadt am Tiber zum Orient wurde von Bachofen beschrieben als „einerseits ihre Abhängigkeit von

---

Jurist, Philologe, Anthropologe und von 1841 bis 1845 Professor für Römi-
sches Recht an der Universität Basel. Bachofen wird zumeist assoziiert
mit seinen Theorien über das prähistorische Matriarchat und seinem weg-
weisenden Werk *Das Mutterrecht. Eine Untersuchung über die Gynaiko-
kratie der alten Welt nach ihrer religiösen und rechtlichen Natur* (1861).
Bachofen sammelte Zeugnisse, die zeigen, dass das Muttertum die Quelle
von menschlicher Gesellschaft, Religion, Moral und Anstand sei. Er postulierte ein archaisches „Mutterrecht" im Kontext einer urzeitlichen matriarchalen Religion bzw. Urreligion. In seinem Werk zum alten mediterranen
Mutterrecht unterschied Bachofen vier jeweils einander ablösende Phasen
kultureller Entwicklung:
1) Hetärisch: Eine wilde, nomadische, „tellurische" (erdzentrierte) Phase,
die als kommunistisch und polyamorös charakterisiert wird und deren vorherrschende Göttin eine erdgebundene Proto-Aphrodite gewesen sei.
2) Mondhaft: Eine matriarchale, auf Landwirtschaft basierende, „mondhafte
Phase", die sich durch das Aufkommen chthonischer Mysterienkulte und
eines chthonischen Rechts auszeichnete. Vorherrschende Göttin war eine
frühe Form der Demeter.
3) Dionysisch: Eine Übergangsphase, in der frühere Überlieferungen ver-
männlicht wurden, was das Patriarchat einläutete. Vorherrschende Gottheit
war der ursprüngliche Dionysos.
4) Apollinisch: Die patriarchale, „solare" Phase, in welcher alle Spuren der
matriarchalen und dionysischen Vergangenheit ausgelöscht wurden und die
moderne Zivilisation aufkam.

ihm, andererseits ihre äußere und innere Überwindung der asiatischen Welt- und Menschenvorstellung", wie dies im Tanaquil-Mythos[13] zur Geltung kommt. In *Die Sage von Tanaquil*, einer 1870 erschienenen, inhaltsreichen und mit Belegen gespickten allegorischen Darstellung des Verhältnisses zwischen römischem und altorientalischem Königtum, spannt Bachofen einen entwicklungsgeschichtlichen Rahmen für die verschiedenen Formen von Weiblichkeit innerhalb des Narrativs von der weltgeschichtlichen Rolle Roms auf. Rom erfüllte jenen Auftrag, den Griechenland zwar begonnen hatte, dabei jedoch zu schwach war, ihn zu vollenden: die Überwindung des matriarchalen Ostens und die Verwirklichung einer patriarchalen Zivilisation. Die römische Zivilisation läuterte sich, indem sie den Orient in Italien besiegte. Daher der Untertitel von Bachofens Buch: *Eine Untersuchung über den Orientalismus in Rom und Italien*. Im Verlauf dieses Kampfes wurde die politische Autorität einer „theokratischen" weiblichen Macht entrissen und auf den römischen Staat verlagert. Denn die altorientalischen Könige hatten ihre Autorität von weiblichen Gestalten her bezogen, deren religiöse Bedeutung untrennbar mit ihrer sexuellen Exuberanz verknüpft war: Der Osten repräsentierte mithin eine körperliche Form von Religiosität und eine spezifische, mit ihr verbundene Weiblichkeit, wohingegen der patriarchale Westen eine geistige und unkörperliche Religionsform verkörperte. Nach Untersuchung dieser orientalischen Vorgeschichte Roms gab Bachofen dem letzten Teil seines Buches den Titel „Die römische Umgestaltung der asiatischen Überlieferung". Im einleitenden Abschnitt heißt es: „Haben wir bisher die traditionellen Elemente desselben [d. h. des vom Orient Erhaltenen] zu erkennen gesucht, so wird jetzt die national-rö-

---

13   Tanaquil-Mythos – Tanaquil war die etruskische Frau des römischen Königs Tarquinius, der selber von etruskischer Abstammung war. Bachofen verwendet verschiedentlich den Begriff „Knechtschaft", um die Rolle des männlichen Repräsentanten im Königtum des Orients zu beschreiben. Denn im Zentrum stand dort ein priesterliches oder „theokratisches" Königtum, in dem Macht weiblich legitimiert war. Tanaquil ist die mit dieser alten Tradition assoziierte Figur.

mische Umprägung Gegenstand der Betrachtung. Auch diese Untersuchung ist reich an überraschenden Erscheinungen. Sie zeigt, dass dem römischen Volke nicht nur die Kraft der Reception des Fremden in hohem Grade innewohnte, sondern dass es zu gleicher Zeit die Selbstständigkeit seines eigenen Geistes mit nicht geringerer Entschiedenheit zu entwickeln und durchzuführen wusste."

Bachofen zufolge liegt der theokratischen Grundlage des Ostens die von der Passivität zur bewussten Selbstbehauptung führende Entwicklung fern. Was Bachofen in seiner Geschichte von 1850 noch als Roms ursprüngliche Stärke angesehen hatte, namentlich die Allgegenwart des „Aberglaubens", die Furcht vor bzw. die Suche nach dem *augurium*, war ihm 1870 eine Eigenschaft, die er gerade dem weiblichen Osten zuschrieb: „Wenn nach demselben Prinzip der Passivität die asiatische Auffassung vor jedem, auch dem unbedeutendsten Phänomen sich demütigt und alle Kraft des Geistes in ängstlichem Belauschen der leisesten Naturerregung mutlos verzehrt, so wahrt der Römer die Superiorität des menschlichen Verstandes durch das Recht, jedes Augurium zu verwerfen."

Hier wurde Bachofens Gesamtkonzeption von Roms Assimilierung und Verwandlung der östlichen Tradition, dessen Abkehr vom „theokratischen" Königtum des Ostens, sein „nationales" Selbstverständnis und seine weltgeschichtliche Rolle, nicht zuletzt seine Differenz und Überlegenheit gegenüber Griechenland am überzeugendsten formuliert. Es besteht kein Zweifel daran, dass der Schweizer Gelehrte diese Episode für das Verhältnis zwischen weiblichem Osten und von Rom bestimmtem Westen als höchst erhellend erachtete. Denn die beschriebene Mentalität und Entwicklung markierten den Übergang von der asiatischen Passivität zum westlichen Dynamismus. Die Tatkraft und Härte Roms leitete sich aus dessen Kampf mit dem Orient her und ermöglichte die „geschichtliche" – im Unterschied zur bloß „natürlichen" – Existenz des Westens. Wir sahen, dass Bachofen Rom als von „ethischer Stärke" besessen betrachtete. Jener Kampf, der zum Kennzeichen der Europäer werden sollte, „wurde in Rom vorherrschend", wobei Bachofen auf die

– verglichen mit dem Sensualismus und gescheiterten Heroismus der Griechen – „ethische Stärke" Roms und dessen Vorrangstellung als stärkste politische Kraft der Antike insistiert.[14]

Bachofens Theorien zur mediterranen Kultur übten im 20. Jahrhundert einen großen Einfluss auf den italienischen Philosophen des Traditionalismus, Julius Evola, aus. Dieser beachtliche Einfluss zeigt sich in Evolas Schriften zur römischen Tradition und vor allem in seinem Hauptwerk zur Geschichtsmetaphysik, der *Revolte gegen die moderne Welt*. Der von Bachofen eingeschlagenen Stoßrichtung folgend, entwickelt Evola eine Theorie zweier entgegengesetzter geistiger Pole, verkörpert in den Patriziern und den Plebejern: die uranischen und tellurischen Ströme, aus denen sich die altrömischen Seelen speisten. Evola zufolge waren es die gegensätzlichen geistigen Orientierungen, welche die Patrizier von den Plebejern unterschieden, nämlich im Hinblick auf religiöse Praktiken und Begräbnisriten, die gegenüber den wirtschaftlichen oder häuslichen Unterschieden, die eher bürgerliche Tendenzen widerspiegeln, an Wichtigkeit gewannen. In Evolas Darstellung stand die Ausschließlichkeit der Patrizier, religiöse Riten zu vollziehen und die olympischen Kulte zu feiern – neben der unter Patriziern verbreiteten Praxis, Feuerriten für ihre Toten zu vollführen, ähnlich den vedischen Praktiken derselben Zeit – den plebejischen Bräuchen gegenüber, die eher dazu neigten, ihre Toten zu bestatten. Hierbei handelt es sich letztlich um Anzeichen einer geistigen Differenz zwischen uranischen/kosmischen und tellurischen/chthonischen Tendenzen. Auf Basis des sich aus dieser Analyse ergebenden Schemas lässt sich eine Remus'sche Orientierung bzw. ein entsprechender Geltungsbereich von Werten ausmachen, der eine antithetische südliche Polarität, ein matriarchales Substrat einbezog, verbunden mit dem Naturkult und einer erdgebunden-horizontalen Ausrichtung des Lebens, in welcher das Schicksal des Individuums eng mit der tellurischen Mutter ver-

---

14   Damian Valdez, „Bachofen's Rome and the Fate of the Feminine Orient", *Journal of the History of Ideas*, Vol. 70, 421–443.

knüpft bleibt. Dieser Vorliebe für chthonische und lunare Bewusstseinsformen steht eine zweite Form gegenüber, die in historischer Hinsicht den indocuropäischen Stämmen, die im späten Bronzezeitalter eingewandert waren, eignete. Auf sie bezieht sich die proto-hyperboreische Typologie, die Evola aufgrund der ihr innewohnenden uranischen bzw. kosmischen Spiritualität, die vertikal auf die Gipfel des Olymps gerichtet ist, als olympisch bezeichnet.[15]

Die Zwillingsseelen stellen die beiden radikal voneinander verschiedenen, ja einander entgegengesetzten Archetypen dar, die dem Verlauf der italischen (römischen und italienischen) Geschichtsentwicklung und deren Verwandlungsprozessen zugrundliegen. Die Remus'sche Seele manifestiert sich im horizontalen Sinne im Übergang von Mensch zu Mensch, während die Romulus'sche Seele demgegenüber der vertikalen Bewegung zur Transzendenz, vom Menschlichen – vermittels des heroischen Geistes – zum Göttlichen, zustrebt.

Der heroische Geist

Etymologisch ist das Wort *Hero* eng mit Eros verknüpft. Beide entstammen ein und derselben Wurzel, Amor (Liebe), was auch dem verborgenen Namen Roms entspricht (Roma, Amor, Maro, Orma).[16] In metaphysischer Hinsicht stellt die *Urbs* (Stadt, *polis*)

---

15 Olympisch – Julius Evola, *La Tradizione di Roma*, Edizioni di Ar, 1977; *Rassegna Italiana*, Fondazione Julius Evola, 2012, Razza e Cultura, 65: „Wenn ein Wesen all das, was seinem Leben Form und Stütze gibt, den Mächten des Instinkts und Bluts verdankt, so gehört es noch der Natur an. Der Mensch kann auf dieser Grundlage auch höhere Eigenschaften erlangen, doch werden natürliche Eigenschaften stets ein Ausdruck der Natur bleiben. Doch gibt es einen Stil, der sich der ,Natur' als seines Rohmaterials und Instruments bedient und sich nicht auf die Gegenwart und Aktion eines metabolischen Ordnungselements reduzieren lässt"; J. J. Bachofen, *Le Madri e la Virilità Olimpica. Storia segreta dell'antico mondo mediterrraneo*, Edizioni Mediterranee, 2013; Julius Evola, *Meditation on the Peaks: Mountain Climbing as a Metaphor for the Spiritual Quest*, Inner Traditions, 1998.

16 Der verborgene Name Roms – Giandomenico Casalino, *Il nome segreto di Roma: Metafisica della romanità*, Edizioni Mediterranee; Pietro De Angelis, *Le origini di Roma e il suo nome segreto*, Arti Grafiche, Santa Barbara.

die *Arcana mundi* (geheimes Universum) dar, die Synthese zwischen weiblichen (venerischen) und männlichen (kriegerischen) Kräften. Obgleich Rom stärker mit der ritterlichen Natur des Kriegsgottes Mars (Maro) assoziiert wird, sind die *Arcana mundi* Roms in spiritueller Hinsicht eng mit Venus (Amor) verknüpft. Übrigens ist in ritueller Hinsicht die venerische Initiation zu bestimmten kosmischen Konstellationen bzw. Übergangsperioden günstig, nämlich wenn Venus frühmorgens, d. h. vor der Morgendämmerung sowie am späten Nachmittag zu Beginn der Abenddämmerung – zur Stunde der Vesper (griechisch ἑσπέρα für Hesperia) – den Himmel durchquert. Amor ist das „Grundprinzip" und die „aktive Kraft", die dem Helden eigen ist, wenn dieser auf innerer oder äußerer Ebene handelt. Das Prinzip der Liebe verkörpernd, hebt sich der Held von der Hybris der Titanen und Usurpatoren der Tradition ab. In seiner Ahnenreihe verwurzelt, transzendiert der Held das *principium individuationis*, indem er seine bewusste Identität in einem geistigen Grund, im Numen (Seele), verankert. Aus initiatischer Perspektive verkörpert der Held das transzendierte Individuum, welches erfolgreich durch die Unterwelt gereist ist, um ans andere Ufer des Flusses Mnemosyne bzw. Euone zu gelangen und die wahre Bedeutung von Selbst, Tradition und Heimat zu finden. Durch diese Katabasis wirft der Mensch in einem initiatischen Tod seiner weltlichen (*humus*) Natur die profanen Schichten seines alten Selbst ab. Er durchlebt eine *metanoia*, eine völlige ontologische Umwandlung in ein neues Wesen von archetypischem Glanz und archetypischer Lebenskraft – den Helden.[17]

---

17 Heroenzeitalter – Nach dem Ehernen Zeitalter schuf Zeus ein anderes Geschlecht, die ehrwürdige Rasse der Heroen, die von edler Natur war und die Götter verehrte. Unter ihm befanden sich auch Einzelne mit göttlichen Eigenschaften, die sogenannten Halbgötter. Die meisten von ihnen starben in Kriegen wie dem Trojanischen oder der Sieben gegen Theben. Die Seelen dieser Verblichenen gingen zu einem besonderen Ort in der Unterwelt, der – umgeben vom schäumenden Meer – als Elysische Gefilde oder Insel der Seligen bezeichnet wurde. An diesem Ort blieben die Seelen für alle Zeit und verlebten ein glückliches Dasein, entsprechend der Rolle, die sie im Leben eingenommen hatten. Es wird ferner behauptet, dass Zeus schließ-

Atavistisches Wiederaufleben

In einigen auserwählten, alteingesessenen und wohlverwurzelten italischen Familien werden Behauptungen über eine ungebrochene Abstammungslinie, die bis zu den bedeutenden Ahnen des klassischen Rom zurückverfolgt werden könne, geltend gemacht. Ebenso ist die Ausübung geheimer Familienriten – atavistische Handlungen, die die Abkömmlinge mit den Geistern (*umbra*) ihrer illustren Vorfahren verbinden – streng diesen aristokratischen Zirkeln vorbehalten. Solche Eingeweihte finden sich unter den alten Sippen (*gens*): Iulii, Claudii, Flavii, Symmachii, später in mittelalterlichen römischen Familien wie den Colonnas, Massimos und Caetani, um nur einige zu nennen. Bei den Gens Julia war es üblich, die Ursprünge ihrer Familie zu preisen, die von der Göttin Venus abstammte und deren Stammbaum auch Äneas, Stammvater der Römer, sowie den ersten König und Stadtgründer Romulus beinhaltete. Man sagt außerdem, Julius Caesar habe in den Leichenreden der alten Familien gedacht, um in seinen Mitpatriziern die Erinnerung an ihre göttliche Abstammung wachzuhalten. Grundsätzlich waren in der altrömischen Gesellschaft die Priester, Flamines, dafür verantwortlich, die *mores maiorum* – die Sitten der Vorfahren – aufrechtzuerhalten. Die allgemeinen Sitten begründeten eine echte Machtherrschaft, das zivile Bindemittel, welches eine gesunde und tugendhafte Bevölkerung sicherstellte, die mit ihren Wurzeln verbunden blieb. Man bezog sich auf die *mores maiorum* als auf eine Art von Verhaltenskodex, welcher die Gegenwart durch Erinnerung an die Vergangenheit veredeln sollte, eine Art Maßstab für *dignitas*, an dem die Römer ihre eigenen Taten messen konnten.

---

lich seinen Vater Kronos aus den Tiefen des Tartaros zurückbeorderte, auf dass er über die Seelen dieser rechtschaffenen und bedeutsamen Gestalten herrsche. Die Menschen waren hier den Tieren ähnlicher, da sie beide ungebratenes Fleisch aßen. Die Stellung des Menschen ist weit von jener des Gottes entfernt, dem er nacheiferte.

Die Baum-Metapher wurde im Laufe der römischen Geschichte verschiedentlich bemüht, um die Gesundheit der Gesellschaft zu veranschaulichen. Die mit einem Menschen vergleichbare Lebensspanne des Baumes ist nämlich eine angemessene Metapher für den Auf- und Untergang von Dynastien sowie für Lebendigkeit, Triumph und Niedergang bestimmter Stämme. So lebten die von Augustus' Frau Livia gepflanzten Bäume angeblich genauso lange wie die Julio-Claudische Dynastie. Romulus' Feigenbaum, der von Tacitus erwähnt wird, erkrankte und verwelkte letztlich zu Beginn von Neros Herrschaft. Diese Art von Assoziationen bringen den Auf- und Untergang von Dynastien bzw. politischen Systemen mit dem Erblühen oder Verwelken glückverheißender Bäume in Beziehung. Auch führten die alten Römer weit zurückreichende Familienstammbäume, die in metaphorischer Weise die genealogischen „Zweige" (*rami*), den „Stamm" (*stirpes*) und den „Saft" (königliche/heroische Blutlinien, *sanguis*) der alten Patrizierfamilien darstellten. Viele jener Eigenschaften, die den herrschenden römischen Familien zugesprochen wurden, waren an die Pflanzung, Pflege und Entwurzelung von Bäumen angelehnt; desgleichen wurde deren Lebenskraft oftmals in menschlichen Metaphern beschrieben. So verwenden Geschichtsschreiber wie Columella oder Plinius Metaphern von Vernachlässigung, Entwurzelung und Ehebruch aus Landwirtschaft und Gartenbau, um der Entfremdung von Dynastien von ihren alten Traditionen Ausdruck zu verleihen.[18]

Der antiken Priesterkaste zufolge verkörpern sich in der Mythologie göttliche Gestalten, die – von irdischen Zwängen befreit – sich aus kosmischen, im inneren Raum aufwallenden Kräften speisen und von Sehern in Form von Visionen – oder in traditionellen Termini: Wahrsagung und Divination – überliefert werden. Nun ist der menschliche Geist, der spirituelle Einflüsse in Form von Inspirati-

---

18   Emily Gowers, „Trees and Family Trees in the *Aeneid* ", *Classical Antiquity*, Vol. 30, No. 1.

onen, Einsichten oder Voraussichten aus dem Quell archetypischer Kräfte empfängt, dem göttlichen Geist gleich.

Im Mythos vom Goldenen Zweig spricht sich eine konsistente Sprache von Bedeutungen und Zeichen aus, die im Laufe der römischen bzw. italienischen Geschichte immer wieder zu Tage treten. Das Auftreten verheißungsvoller Ursprünge, Wiedergeburten, Risorgimentos, Renovatios etc., zeugt von einer zyklischen Erneuerung dieser Art atavistischen Wiederauflebens. Die symbolischen Chiffren, von denen Vergil in seiner Rolle als Vates (Seher) Gebrauch machte, um die Initiation mit dem Goldenen Zweig in einer Art Geheimsprache zu artikulieren, sind wie folgt zu verstehen:

- Goldener Zweig – ein geweihter Zweig, der atavistische Kanäle zu den geistigen Ahnen, Schutzgeistern und Archetypen öffnet
- Pforte – Initiation, magisches Tor, Übergang vom Profanen zum Sakralen
- Heiliger Hain – heiliges Gebiet des Stammes, Hesperia
- Unterwelt – astrale Welt, Innenwelt, unsichtbares Reich
- Venus – Amor, uranische, göttliche oder heilige Liebe, universelles energetisches Feld, Kraft der Schutzgeister, Wasserelement
- Persephone – irdische Liebe (Eros), Wächterin an der Schwelle zur Unterwelt, Element der Erde
- Diana – Mutterliebe, göttliche Matrix, Mondnatur
- Zwei Tauben – Doppelnatur, solare und lunare Aspekte des geläuterten Eingeweihten bzw. Helden
- Orakel (Sibylle) – Vates, Seher, Wahrsager, Dichter, Philosoph, Hüter der Tradition, Wegweiser, nach dem Ursprung Suchender, d. i. Vergil, Dante, Bruno, Kremmerz, Evola
- Anchises – Atavistische Verbindung der dardanischen Blutlinien[19]

---

19 Dardanisches Geschlecht – Den alten Legenden zufolge war Äneas der Sohn von Anchises, dem König von Dardanien, und Aphrodite. Er war der Cousin und Schwager von Hektor und Paris. Verheiratet mit Creusa, der Tochter des Priamos von Troja (Vater von Hektor und Paris), führte Äneas

- Äneas – Selbst, Archetyp, Held, Sucher, Eingeweihter, *artifex* – Orpheus, Pythagoras, Hermes.

Der italische Lebensbaum

Wie wir sahen, ist der Goldene Zweig ein geweihter Ast, der in archaischen Initiationsritualen Verwendung fand, die zum Zwecke begangen wurden, auf Basis der Tradition Erkenntnis zu erlangen.

Im Vergilschen Mythos fungiert der Goldene Zweig als Instrument in initiatischen Handlungen, die darauf abzielen, den Eingeweihten mit der *radix* (Wurzel) seines Geschlechts zu verbinden und geistige Einflüsse (Inspirationen, Intuitionen, Führung, Tugenden, glückverheißende Botschaften) von den Stammesarchetypen – Ahnen, Königen, Helden und Göttern – zu empfangen. Mithin ist der Goldene Zweig ein geweihtes Instrument, das rituell aufgeladen und mit gewissen, dem spezifischen Stamm heiligen Bedeutungen versehen wurde, weshalb es auch unmittelbar als symbolische Manifestation unsichtbarer Kräfte wahrgenommen wurde. Die Initiation bewirkt einen inneren Öffnungsprozess, durch den der Geist der Ahnen (Lebenskraft) dem Eingeweihten vermittels feinstofflicher Kanäle aus den archetypischen Wurzeln zufließt. Der Rex in seiner Doppelrolle als Krieger und Priester verleiht die

---

die Dardaner gegen die während des Trojanischen Krieges einfallenden Griechen. Nach der Schleifung Trojas floh er mit seinem Vater Anchises, seinem Sohn und seiner Frau. Mit seinen Anhängern siedelte er sich schließlich in Italien an, gründete Alba Longa und letztlich Rom. Dardanos ist ein Sohn Jupiters und der Plejade Elektra; er wurde geboren in Corito nahe der etruskischen Stadt Tarquinia. Sowohl in griechischen als auch in römischen Legenden war Anchises ein Mitglied der Königsfamilie von Troja. Homer erinnert uns in der *Ilias* – wie auch später Vergil – daran, dass Äneas, gleich der Königsfamilie des Priamos, dem Geschlecht der Dardaniden angehörte. Die Geschichte von Dardanos' Reise sollte indessen nicht auf einen bloßen Mythos reduziert werden. Sie spiegelt nämlich einen alten Brauch, der den ersten Indoeuropäern zugeschrieben wird, wider. Im Lichte des Mars wurden ganze Gruppen junger Krieger dazu gezwungen, ihren Stamm zu verlassen, um neue fruchtbare oder unbewohnte Gebiete zu entdecken und dann zu besiedeln.

solare Initiation, ist Herr des Ritus und *artifex* des asketischen Op-
fers, durch das die auf dem entsprechenden Pfad befindlichen Menschen zu Eingeweihten „verwandelt und verklärt" werden. Durch
initiatorische Praxis geschmiedet, wird der Mensch in einen *Vir*
(altrömischer Terminus für einen Adligen, der über angeborene
Tugend verfügt) verwandelt; das Wort entspricht dem vedischen
Virya (Helden) sowie dem antiken Runenzeichen für Feuer, VR.
Dieses Netz von Symbolen ist mit dem Element Feuer verknüpft,
das im geistigen Zentrum zu verorten ist – das Herz herrscht über
die strahlende Kraft von Liebe, Licht und Leben. Verbindet man
die unzusammenhängenden Linien, die Teilstücke, aus denen dieses Geheimnis besteht, so bestätigt sich jene grundlegende metaphysische Wahrheit, welche den römischen Vir (Helden) als Synthese von venerischen (Liebes-) und kriegerischen (Willens-) Kräften versteht. Der römische Vir zeichnet sich mithin durch eine Verflechtung bzw. Synthese von solaren und lunaren, kriegerischen
und venerischen Prinzipien aus. Und der Goldene Zweig dient als
Metapher für den Baum des Lebens, insofern er das heilige Feuer
(integriertes Bewusstsein, Lebenskraft) des Stammes von einer Generation zur nächsten zu überliefern vermag.

Wir werden im Verlauf dieser Studie einige repräsentative geistige Vorbilder, Seher, Visionäre, Dichter, Philosophen sowie ihr
Handwerkszeug – Symbole, Mythen, Zeichen, archäologische Überreste, Tauben, Wälder des Lebens etc. – thematisieren; sie alle verfolgen das Ziel einer Wiedererweckung geistiger Stammesarchetypen, die geistige Sucher dazu inspirieren, ihre Identität zurückzu-
gewinnen und auch auf die Gefahr hin, das Schicksal herauszufor-
dern, eine erneute Wiederherstellung der Hesperischen (Olympischen) Tradition und des Ghibellinischen Reiches zu unternehmen.

Ars Italica

Diese Studie sucht also einen Überblick über ein weites Spektrum an
esoterischen Traditionen zu liefern und jene Protagonisten, Schu-

len und Lehren vorzustellen, welche die Grundlage zur Initiation in Italien – von der römischen Epoche bis in die Gegenwart – und d. h. die Grundlage zu einer genuin westlichen Tradition geschaffen haben. Die fundamentalen, für diese Initiation prägenden Themen sind folgende: ein ewiges westliches Reich (Hesperia), atavistisches Wiederaufleben und innere, der *Ars Italica* eigentümliche Praktiken: *heroica, magia, amatoria, memoria, imaginatio, insomnium* und *metamorphosis*. In diesem Kontext bezieht sich die Initiation – vom lateinischen *initiatus* – auf die individuelle innere Reise, die auf Erkenntnis und Integration des Prinzips (Selbst, Seele, Numen) und der damit verbundenen Tradition (Olympische, Heroische, Äneische) abzielt. In diesem Sinne meint Initiation – wie auch Äneas' Streben, durch Auffindung der Wurzeln seiner Vergangenheit (Prinzip) die Zukunft zu weissagen – einen Prozess der Selbstfindung durch Ausbildung von Tiefenschichten des Bewusstseins: die beständige Interaktion zwischen *imaginatio* (Einbildungskraft), *somnium* (Träume) und *memoria* (Erinnerung); die Schaffung einer lebendigen Identität durch Wiedererinnerung, Rückbindung, Intuition und Schöpfung. Der Vorgang der Rückbindung an das Prinzip des Selbst tritt ein als Ergebnis einer Umkehrung der Polarität im inneren Wesenskern des Eingeweihten – namentlich von äußeren bzw. exogenen Einflüssen hin zu einem Zentrum, das sich im Inneren aus geistigen Wurzeln (Numen) nährt. Der geistig integrierte Eingeweihte ist ontologisch verwandelt und zu einem Adepten (Helden) gereift, der die vollkommene Synthese zwischen solaren (männlichen) und lunaren (weiblichen) Prinzipien verkörpert. Die Vereinigung dieser siderischen Prinzipien ist abgeschlossen, sobald die äußere Verwandlung sich mit der inneren verbindet und der Eingeweihte eine Metamorphose zum Artifex bzw. *Homo Faber* durchlaufen hat. In den Worten des Weisen Giambattista Vico: *„Verum esse ipsum factum"* (Die Wahrheit ist das, was gemacht ist). Der schöpferisch Tätige schafft Wahrheit. Der Held macht in seiner Fähigkeit als Wahrheitsschöpfer von den Instrumenten seines Handwerks Gebrauch – Mythen, Symbole, Riten, Träume, Vorstellungen –, um neue Formen von Wahrheit zu erschaffen, die Wirklichkeit gestalten.

Vorliegende Studie erhebt mitnichten den Anspruch, zu den verhandelten Sachverhalten das letzte Wort zu sprechen. Deutlich bescheidener in ihren Intentionen liegt ihr Schwerpunkt eher auf der Klarheit der Darstellung denn auf der Tiefe der Erklärungen. Sie dient, um sich der Worte eines zeitgenössischen Eingeweihten, Giammaria, zu bedienen, lediglich dazu, eine Spur zu hinterlassen, um künftig erneut auf dieses Thema zurückkommen bzw. diese Tradition genauer darstellen zu können.[20]

Die Kriterien, die uns zu bestimmen erlauben, was oder wer auf den folgenden Seiten einzubeziehen ist, lassen sich wie folgt zusammenfassen:

- Themenbereich: Westliche, Klassische und Italische Geheimtraditionen
- Akteure: Helden, Eingeweihte, Dichter, Philosophen, Visionäre
- Mittel: initiatische Orden, in Italien oder im Römischen Reich ansässige Schulen
- Material: Philosophien, Initiation, Weisheit, Esoterica, Zeugnisse, Gedichte
- Bedeutung: grundlegend, Innovatoren, Wirkungen, Einflüsse.

---

20 Giammaria, Vorwort zu den *Dissertamina* von Marco Daffi, Edizioni Alkaest.

Ursprünge

Die Rückkehr der Nostoi (Olympier)[1]

n ihrer langen Geschichte wurde jene Halbinsel, die sich an der südlichen Flanke Europas ins Meer erstreckt, heute Italien genannt, früher aber Hesperia, Ausonia, Enotria und Saturnia, von vielen verschiedenen Völkern besiedelt. Das Bestehen von Traditionen (Kulten, Bruderschaften, Schulen), die der geistigen Erhebung des Bewusstseins gewidmet waren, reicht bis zu den Anfängen der westlichen Zivilisation zurück. Aus traditioneller Sicht stellt sich der Gang der Zeit als ein fortlaufender Zyklus von Weltaltern dar; die alten Indo-Arier der vedischen Tradition nannten sie *Yugas*. Antike Mythen bezeugen die Existenz eines Goldenen Zeitalters im archaischen Italien, bezeichnet als Saturnia Tellus[2], das unter der Herrschaft urtümlicher Gottheiten, angeführt von Saturn (*Sat*: Sein, *Urn*: Epoche), stand. Auf dieses Goldene Zeitalter folgte ein

---

1   Die Olympier sind ein Geschlecht von Suchenden, das heroische Taten vollbrachte, die als Sendung bzw. Auftrag, einen hohen Grad an Freiheit sowie Kräfte zur Beherrschung der *conditio humana* zu erlangen, zu verstehen sind. Sie zeichnen sich aus durch das Streben, die weltliche Natur der gewöhnlichen Menschen zu transzendieren und unterscheiden sich von den gemeinen Sterblichen durch Verfolgung eines vertikalen Weges; eine Selbstbezwingung, das Verlangen nach bzw. die Behauptung von göttlichen Tugenden gegenüber den bloß äußeren Kräften, die den Gesetzen des Kosmos gehorchen. Beispiele: Thetis, Jason, Äneas, Romulus.

2   Saturnia Tellus – „Salve, magna parens frugum, Saturnia tellus, magna virum (Heil dir, mächtige Mutter der Früchte, Saturnische Erde, mächtige Erzeugerin der Männer)" (Vergil, *Georgica II*,173 f). Der Terminus Saturnia Tellus (Erde des Saturn) bezeichnet in der römischen Religion das Reich des Gottes Saturn im mythischen Land des Goldenen Zeitalters, das nach der Vertreibung aus dem Olymp anbrach. Der Gott wurde zunächst von seinem Sohn Jupiter vertrieben und nach Italien verbannt, wo er in Latium Zuflucht fand und dort sein Königreich etablierte. Das Land des Saturn wurde zuerst mit Latium identifiziert, später allgemein mit Italien, als dessen erster König Saturn erachtet wurde. Die lateinischen Dichter, allen voran Vergil, priesen Italien als Saturnia Tellus. *Bucolica*, Vierte Ekloge auf das Goldene Zeitalter, Gruß Vergils an Italien.

Silbernes Zeitalter, beherrscht von Jupiter und den Olympiern. Es
zeichnete sich durch Vorherrschaft von auf kosmischen Kräften
basierenden Mysterienkulten aus, in denen die siderischen Kräfte
von Jupiter, Apollon, Mars, Venus etc. mit den tellurischen Kräften von Geburt, Tod und Erneuerung, wie diese für den Kultus von
Dionysos, Demeter und Ceres charakteristisch waren, verbunden
wurden. Auf diesen Zyklus folgte ein Bronzenes Zeitalter, das vor
dem Anbruch des Eisernen Zeitalters durch Errichtung einer neuen
Ordnung unterbrochen wurde – einer Ordnung von Helden königlichen Geblüts, in denen die olympischen Werte lebendig waren. Das
Heroenzeitalter überlieferte künftigen Generationen die Grund-
komponenten der westlichen Zivilisation wie etwa Archetypen und
Traditionen, die in einer Lebensweise wurzelten, die man forthin als
den Königlichen Weg bezeichnen sollte. Dabei entspricht das Ende
des Heroenzeitalters dem Ende der archaischen Epoche und führte
den Beginn des Eisernen bzw. Historischen Zeitalters herbei, in dem
Mühsal, Tod und Materialismus vorherrschen.

Schola Italica – die Pythagoreische Schule Italiens

Es war der Philosoph, Asket und Eingeweihte Pythagoras (530 v.
Chr.), der in Kroton (Kalabrien) eine italische Schule für initiatische Lehren gründete: ein wichtiger Meilenstein in der Etablierung
einer genuin abendländischen Initiationslinie, die sich von den
vorherrschenden Initiationsformen im Nahen Osten und in Asien
unterschied. Die pythagoreische Schule war in Bruderschaften organisiert, die gleichsam Erfahrungsräume bildeten, die sich für die
Kultivierung geistiger Wissenschaften – verbunden mit Praktiken
der Reinigung, Wiedererinnerung und Bewusstseinsveränderung
– als zentral erweisen sollten. Im gleichen Jahrhundert ließ sich –
etwas später als Pythagoras – der griechische Philosoph Parmenides
in Elea (Süd-Italien) nieder und gründete dort die sogenannte Ele-
atische Schule, deren Wahrheitssuche auf dem Prinzip der *Aletheia*
basierte, namentlich auf der Prämisse, dass das Wesen der Wirk-

lichkeit in einer unveränderlichen, ungewordenen und unzerstörbaren Seinsquelle bestehe.

Ab dem 5. Jahrhundert v. Chr. wurden verschiedene initiatische Schulen in Magna Graecia (Süd-Italien) etabliert, bei denen es sich in den meisten Fällen um Ausläufer der zahlreichen Philosophenschulen handelte, die zur Zeit des Übergangs von der Römischen Republik zum Kaiserreich blühten.

Die unterirdische pythagoreische Basilika von Porta Maggiore[3]

Der römische Senator Publius Nigidius Figulus (98–45 v. Chr.) war eine entscheidende Gestalt des römischen Adels in der späten Republik. Er war ein Gelehrter, bekannt für sein umfassendes Wissen, seinen rechtschaffenen Charakter und seine kraftvolle Rednergabe. Ferner besaß Figulus eine Neigung zu okkulten Praktiken, was ihn dazu brachte, eine Bruderschaft zu gründen, der es um die Einführung pythagoreischer und anderer esoterischer Praktiken in Rom zu tun war. Diese Bruderschaft bestand aus verschiedenen Mitgliedern, die in einer unterirdischen Basilika – nahe der Porta Maggiore auf der Via Praenestina im Zentrum Roms gelegen – zusammenkamen, um initiatische Rituale zu vollziehen, die höchstwahrscheinlich magische und theurgische Praktiken einschlossen. Die Bruderschaft entfaltete einen gewissen Einfluss in ihrer Wiederbelebung esoterischer Lehren und bildete ein Gegengewicht zu den in stärkerem Maße exoterischen Methoden der vorherrschenden Philosophien (Epikureismus und Stoizismus).

Am 21. April 1917 gaben Grabungen an den Aufschüttungen der Autobahn Rom-Neapel einen kleinen Zwischenraum hinter der Porta Maggiore frei: Die Behebung des Schadens führte zur Entde-

---

3 Unterirdische Basilika von Porta Maggiore – Hans van Kasteel, *La Basilique secrète de la Porte Majeure ou Le Temple de Virgile*, Beya, 2016; Nuccio D'Anna, *Publio Nigidio Figulo. Un pitagorico a Roma nel 1 secolo a.C.*, Editore Pizeta; Jerome Carcopino, *La basilique pythagoricienne de la Porte Majeure*, Paris, L'Artisan du livre, 1927; Alberto Gianola, *Publio Nigidio Figulo Astrologo e Mago*, Biblioteca Teosofica.

ckung eines unterirdischen Gebäudes, das man für eine Basilika aus der klassischen Zeit des alten Rom hielt. Ohne Übertreibung wird man konstatieren können, dass es sich dabei um eine der wichtigsten Entdeckungen handelt, die jemals in Rom gemacht worden sind – eine Entdeckung, die zudem eine ganze Anzahl von archäologischen, historischen und kunstgeschichtlichen Problemen aufwirft.

Die Wände und das Gewölbe sowohl der Basilika als auch des *atrium* sind mit prächtigen Stuckreliefs bedeckt – aus reinem Weiß in der Basilika und glanzvoll bemalt im *atrium*, wo das Licht sehr viel heller gewesen sein muss. Das Gebäude an der Porta Maggiore[4] zeigt, dass auch den heidnischen Sälen *atria* vorangestellt waren; die Überreste von Opfern, die im *impluvium* gefunden wurden, zeigen außerdem, dass manche der Zeremonien – möglicherweise das mit der Initiation verbundene Opfer – dort stattfanden.

Das bemerkenswerteste Element dieses außergewöhnlichen Gebäudes besteht in der Stuckdekoration im Inneren. Die üblichen römischen Ziermotive, Tischleuchter, Medusenhäupter, bedeutende Victoria-Figuren oder Redner, heilige Kessel und weitere Utensilien wechseln sich ab mit Szenen von Eroten und Kindern, Opfern, Legenden der Pygmäen und anderen mythologischen Gegenständen. Die mythologischen Darstellungen sind dem Fundus der griechischrömischen Mythologie entnommen. Besonders hervorzuheben sind die Darstellungen vom Raub der Helena, von der Befreiung Hesiones, Jasons Ergreifung des Goldenen Vlieses während Medea die Schlangen verzaubert, Herakles mit einer der Hesperiden sowie die Bestrafung der Tochter des Danaos. Einige dieser Motive sind recht verbreitet, andere hingegen sehr selten, ja fast einmalig.

Eine weitere Besonderheit in der Dekoration ist das Vorhandensein recht außergewöhnlicher Stuckporträts hinter jeder einzelnen Säule. Prof. Franz Cumont hat vorgeschlagen, dass es sich dabei lediglich um gewöhnliche Darstellungen von griechischen Weisen

---

4   Pythagoreische Basilika an der Porta Maggiore – Gilbert Bagnani, „The Subterranean Basilica at Porta Maggiore", *The Journal of Roman Studies* 9 (1919), 78–85.

handele; insofern sie indes keinerlei Ähnlichkeit zu irgendwelchen anderen Porträts aufweisen, neige ich eher dazu, sie als Porträts bedeutender Mitglieder oder Wohltäter der Bruderschaft zu deuten.

Die Hauptbedeutung dieser Reliefs liegt darin, dass sie den einzigen Schlüssel zur Bestimmung der Basilika und zu den religiösen Vorstellungen ihrer Gründer darstellen. Man findet keinerlei Spuren von irgendeinem der bekannten orientalischen Kulte wie dem Kabiren-, Kybele-, Isis- oder Mithras-Kult, und den dionysischen Szenen kommt ein bloß dekorativer Charakter zu. Was sehr deutlich hervorgeht, ist der Glaube an die Unsterblichkeit der Seele. Die Victoria-Figuren, die einen großen Teil der Dekoration einnehmen, spielen zweifellos auf den Triumph über den Tod an. In der Apsis steht gleich über dem Thron eine Nike-Figur zwischen zwei Verehrern; einem von ihnen reicht sie einen Kranz dar, das Symbol der Unsterblichkeit. Die mehrfach wiederholten Szenen der Entführung der Leukippiden und der Befreiung von Hesione symbolisieren die Schändung der Seele durch die Mächte des Todes sowie ihre Befreiung von irdischen Banden. Die auffällige Analogie dieses Reliefs zu den zahlreichen Darstellungen der Kaiserlichen Apotheose deutet darauf hin, dass die Intention des Künstlers wahrscheinlich darin bestand, die Vergöttlichung der Seele darzustellen.

Auf der rechten Seite befindet sich eine stark verhüllte Frau mit einer siebensaitigen Leier in der Hand, die von einem hinter ihr stehenden Eros von einem Felsen hinabgestoßen wird. Man hat vorgeschlagen, dass der Künstler hier Sapphos Sprung vom Leukadischen Felsen abbilden wollte und unmittelbar von Ovids berühmtem Brief beeinflusst gewesen sei (*Heroidum epistulae* XV, 157–184).

Prof. Cumont zufolge war die Basilika ein Versammlungsort einer jener neupythagoreischen Sekten, deren wichtigster römischer Vertreter Nigidius Figulus war. Die Szene in der Apsis stellt die Reise der Seele zur Insel der Seligen dar, welche bei den Neupythagoräern der Sonne und dem Mond entspricht – Inseln im Meer des Äthers, wobei auf einer von ihnen Apollon, der Sonnengott, residiert. Die Frau verkörpert die Seele, die von himmlischer Liebe erfüllt zu den Sternen gezogen wird; die siebensaitige Leier in ihrer Hand schließlich ist ein Symbol der Sphärenharmonie.

Cicero und die Kunst des Traumes

Marcus Tullius Ciceros (106–43 v. Chr.) klassisches Werk zum Traum, das mit dem passenden Titel *Somnium Scipionis* (*Der Traum des Scipio*) versehen wurde, übte einen tiefgreifenden und langwährenden Einfluss auf das literarische und philosophische Milieu des klassischen Rom aus. Als Roms führender Staatsmann, Richter, Konsul, Redner und Schriftsteller anerkannt, bildet Ciceros *Somnium* den Schlussstein seines Buches über das gute Gemeinwesen (*De re publica*). *Somnium Scipionis* handelt – aus stoischer Perspektive – von der Natur der Seele sowie von göttlichen und heroischen Tugenden. Die Erzählung spielt in einem Traum und schildert die Reise von Scipios „vom Körper befreiter Seele", was die Frage nach der Möglichkeit von Astralprojektionen und Traumreisen aufwirft. Das Werk stützt sich auf Praktiken, die in antiken Mysterienschulen gelehrt wurden, einschließlich der Deutung verschiedener Traumtypen und deren prophetischen Sinngehaltes.

Die Vatischen Dichter

Vergil und Ovid sind weithin bekannt als die beiden Dichter, die den größten Einfluss auf die lateinische Literatur ausübten. Obgleich man sie hauptsächlich in ihrer Rolle als Verfasser literarischer Klassiker kennt, umfasst ihr Gesamtwerk ein weites Spektrum esoterischer Lehren über Initiation und Selbstverwandlung, das sich für die westliche Esoterik als grundlegend erwiesen hat.

Vergil[5]

Es gibt eine Kunst, die uns erlaubt, bereits in diesem Leben zu erlangen, was die Seelenkräfte der Toten erst jenseits der Schwelle des Todes erlangt haben.

Ja, selbst wenn ihr Leben am letzten Tage dahingeht,
Dennoch verläßt die Armen nicht alles Übel, nicht willig
Jede Vergiftung des Leibes; unfehlbar mußte ja vieles
Wunderlich tief im Laufe der Zeit mit ihnen verwachsen.
Darum werden sie so durch Strafen geläutert und müssen
Alle Vergehungen büßen. Die einen schweben den Winden
Ausgespannt entgegen, und andre läutern in tiefem

---

5 Vergil – Die *Aeneis* wurde seit dem Zeitpunkt ihrer Abfassung als Nationalepos des alten Rom betrachtet. Nach dem Vorbild von Homers *Ilias* und *Odyssee* gestaltet, handelt die *Aeneis* von dem aus Troja fliehenden Äneas bzw. dessen Streben, sein Schicksal zu erfüllen und Italien zu erreichen, wo seine Nachkommen Romulus und Remus die Stadt Rom gründen sollten. Es ist überliefert, dass Vergil im Dorf Andes bei Mantua in Gallia Cisalpina (das zu seinen Lebzeiten Italien angeschlossen wurde) geboren wurde. Man schloss aus seinem Namen, dass er von frührömischen Kolonisten abstammte. Gleichwohl lassen sich diese modernen Spekulationen durch keinerlei Angaben in seinen eigenen Werken oder bei späteren Biografen stützen. Über seine Familie ist recht wenig bekannt. Sein Vater gehörte angeblich zur Sippe der Vergilia, seine Mutter zur Sippe der Magia.

Strudel oder im Feuer sich von den haftenden Sünden.

Jeder von uns muß büßen nach seinem Innern, und dann erst

Winkt Elysium ihm, doch wird seine Wonne nicht vielen,

Bis sie nach langer Frist im Kreise der Zeiten sich endlich

Von ihrem Makel befreit, und wieder völlig geläutert

Nur ihr himmlischer Geist und feuriger Äther zurückbleibt.

Diese alle, sobald an tausend Jahre verronnen,

Ruft in Scharen ein Gott herbei zu den Fluten der Lethe,

Daß sie erinnerungslos dann wieder die Wölbung des Himmels

Schauen und neu zurück in andere Leiber sich sehnen.

(Vergil, Aeneis VI, 735 ff)

Vergil (Publius Vergilius Maro, 70–19 v. Chr.) wurde nahe Mantua in *Gallia Cisalpina*[6] (Nord-Italien) geboren und verfasste drei
Hauptwerke: die *Aeneis*, die *Bucolica* und die *Georgica*.

Seiner viel gepriesenen Berufung als Roms führender Dichter
folgend, zielte Vergils Werk darauf ab, die Romanitas (das Römertum) nach Form und Inhalt zu verkörpern. Als junger Mann hatte
er die Epikureische Schule von Neapel unter Leitung des Philosophen Siro besucht. Zu dieser Zeit war der Golf von Neapel ein aufstrebendes Zentrum esoterischer Bildung, mit vielen Philosophenschulen platonischer, neupythagoreischer, epikureischer und stoischer Provenienz. Ferner war Neapel ein Mittelpunkt vieler Mysterienkulte des Mittelmeergebiets, die in den ersten Jahrhunderten des
Römischen Reiches florierten. Ein in einer Villa nahe Pompeji – bekannt als Mysterienvilla – gemaltes Wandfresko wurde im vergangenen Jahrhundert ausgegraben, nachdem es seit dem Ausbruch
des Vesuv im Jahre 79 n. Chr. verschüttet gewesen war. Das Fres

---

6   Gallia Cisalpina – Auch Gallia Citerior („diesseitiges Gallien"), Provincia
     Ariminum oder Gallia Togata („Toga-tragendes Gallien", was auf die frühe
     Romanisierung der Region verweist) genannt. Gallia Transpadana bezeichnete jenen Teil von Gallia Cisalpina, der zwischen dem Fluss Padus (Po)
     und den Alpen gelegen war, während Gallia Cispadana den Teil südlich des
     Flusses meinte. Vergil, Catull und Livius, drei berühmte Söhne der Provinz,
     waren allesamt in Gallia Cisalpina geboren.

Vergil

ko stellt eine römische Frau dar, die an einer Bacchischen Initiation teilnimmt. Desgleichen berichtet Vergil in Buch sechs seiner *Aeneis* von einer Orphischen Initiation bzw. Katabasis, bei welcher der Initiationsanwärter einen geistigen Abstieg durch die Unterwelt vollzieht, um die Läuterung des Bewusstseins und den Wiederaufstieg der Seele zu bewerkstelligen, wodurch das entsprechende Individuum in einen Helden verwandelt wird.

Der Einfluss, den Vergil als ein mit göttlicher Einsicht begabter Vates (Seher) ausgeübt hat, entfaltete sich bereits früh durch seine Berufung als Dichter und Schriftsteller. Von ihm wurden Legenden, die mit Magie, Prophetie und der Überschreitung der Schwelle zum Tod assoziiert waren, inspiriert. Sein Name wurde in magischen Handlungen beschworen, seine Schriften zwecks mantischer Zukunftsvoraussagen herangezogen. Legenden über Vergil und die ihm innewohnenden magischen Kräfte wurden seit den Tagen des Römischen Kaiserreichs über das Mittelalter bis hin zur Renaissance überliefert. Bereits im 3. Jahrhundert begannen christliche Gelehrte damit, die Vierte Ekloge der *Bucolica* – bekannt als „Messianische Ekloge" – im Sinne der Offenbarung eines neuen Goldenen Zeitalters, verknüpft mit der Geburt eines göttlichen Kindes, zu interpretieren. In der Folge hat man Vergil prophetische Fähigkeiten zugesprochen; er wurde als Vates angesehen, der die Geburt des Messias vorhersah und das Christentum ankündigte.

In den *Bucolica* und *Georgica* wird ein neues Goldenes Zeitalter geschildert im Sinne einer Rückkehr zu einem ländlichen Paradies, das von den alten elegischen Dichtern, wie z. B. Theokritos, als Arkadien bezeichnet wurde. Diese Vision von einem wiedererstandenen Goldenen Zeitalter zeichnete eine tugendhaftere und edlere, von der Korruption und den inneren Zwisten des städtischen Rom freie Gesellschaft, die sich zumal durch ihren universellen Frieden von den Blutbädern auf den Schlachtfeldern an den Rändern des Imperiums unterschied. Vergil stellt dieses Goldene Zeitalter als Rückkehr zum verlassenen ländlichen Raum dar, um dort auf den landwirtschaftlichen Gehöften zu arbeiten, die Felder zu bestellen, Wein anzubauen, und die natürliche Religion von Kosmos, Herd und Geist zu pflegen. Insofern prophetische Kräfte in sie eingeflossen sind, geben Vergils epische Erzählungen gewissen Mythen eine erhabene Form, die das Bewusstsein des individuellen wie des kollektiven Geistes mit Bestrebungen, Idealen und Visionen dessen, was die westliche Welt sein könnte, erfüllt hat. Die Mythen ergriffen ganz verschiedene Teile der Gesellschaft, wie beispielsweise gebildete Bürger oder vom Krieg zurückgekehrte Legionäre, welche die ihnen noch verbleibende Lebensspanne in Frieden und Harmonie mit der Natur verbringen wollten.

Magischer Realismus im Römischen Reich

Magischer Realismus meint eine Lebenseinstellung, in welcher das Surreale in die alltägliche Existenz eingeflochten ist, was eine vollständigere Erfahrung der bzw. Einsicht in die kosmischen Lebensvollzüge ermöglicht. Im Übrigen ist der Dichter, der das Bewusstsein von Individuen und Gemeinschaften durch rechten Gebrauch seiner inspirierten Vorstellungskraft – Bildersprache, Mythologie, Phantasmagorie – zu formen versteht, zugleich ein Magier.

Was ist real, was unwirklich? In der Welt des magischen Realismus wird das Gewöhnliche außergewöhnlich, das Zauberhafte gewöhnlich. In Vergils magischem Realismus lassen sich vier Hauptthemen unterscheiden:

1. Äneas – römisch-abendländischer Archetyp, der den allgemeinen Auftrag und die individuelle Transzendenz repräsentiert
2. Heroische Initiation – Katabasis des Goldenen Zweigs
3. Rückkehr zum Heimatland – Blut, Boden und Geist
4. Wiederkehr eines Goldenen Zeitalters – *Aureum Saeculum Nova* – Hesperia.

In gewöhnlichen Bewusstseinszuständen vollzieht sich die Wahrnehmung typischerweise innerhalb eines physischen Referenzrahmens. Doch können existenzielle Geschehnisse zugleich mehrere Bewusstseinsebenen – Oberfläche, Unterbewusstes, Unbewusstes – durchdringen, sich in einem Traum manifestieren oder als unterbewusste Angst auftreten. Der gleiche Einfluss kann sich auch umgekehrt geltend machen, nämlich wenn der Eingeweihte, auf der astralen Ebene wirkend, sich als bewusster Akteur in einem Traumszenario behauptet; dies kann die Art und Weise seines Wachbewusstseins in dessen physischer Umgebung beeinflussen.

In einem Zustand ekstatischer Inspiration kann der Dichter seinen Bezugsrahmen nach Belieben verändern, indem er den Geist im Körper zum Körper im Geist umgestaltet. In solch verändertem Bewusstseinszustand verfügt der Dichter/Magier beim Gebrauch der ihm eigenen „Werkzeuge" über ein größeres Maß an Freiheit und gestalterischer Kraft, um seine magische Imagination durch Visionen auszubilden, um Bilder und Gedankeninhalte, welche die innere Welt durchdringen und die alltägliche Wirklichkeit prägen, zu artikulieren.

In Folge der Ausübung seiner eindrucksvollen Macht als Dichter, Vates, Magier und Traumweber des imperialen Rom, gelang es Vergil, eine mächtige Vision heraufzubeschwören, die im archetypischen Fundament des westlichen Menschen tief verankert blieb. Seine Inspiration bzw. Projektion bewusster Energien vermittels einer bestimmten Bildersprache und Mythologie, die in seinen Werken zum Tragen kommt, lieferte eine kollektive Vision für die Zukunft der westlichen Welt, die auf einer Synthese von venerischen und martialischen Prinzipien – sich manifestierend als Liebe, Arbeit und Friede – basierte. Dieses Ideal der künftigen westlichen Welt im Sinne einer harmonischen Ordnung ist bekannt als PAX ROMANA.

Ovid

Audentum Forsque Venusque juvant. (Das Geschick und die Liebe begünstigen den Tapferen, *Ars Amatoria* [7], Buch 1)

Der klassische lateinische Dichter Ovid (Publius Ovidius Naso, 43 v. Chr.–18 n. Chr.) schrieb sehr ausführlich über Verwandlung (*Metamorphosen*) und Liebe (*Ars Amatoria* & *Amores*), und zwar aus der heroischen Perspektive eines Protagonisten, dem es um Erlangung des von ihm verfolgten Zieles zu tun ist. In der *Liebeskunst* ermahnt Ovid unerfahrene Liebhaber dazu, die Liebe mit derselben Energie, Verwegenheit und Klugheit anzugehen wie ein Soldat die Kriegsführung.

Die Kunst der *Metamorphosen* bezeichnet den – auf- oder absteigenden – Transformationsprozess eines Individuums oder Kollektivs. Ovid war seinerzeit Zeuge eines in Rom sich vollziehenden turbulenten Übergangs von der Republik (*res publica*) des Volkes, die von dem sich aus Patriziern (Adelsschicht der autochthonen Stämme) speisenden Senat kontrolliert, hin zu einem kosmopolitischen Staat, der von einem Diktator mit dem Titel Caesar beherrscht wurde. Der Kampf zwischen den beiden Fraktionen (Romulus'sche bzw. Republikanische vs. Remus'sche bzw. Kaiserliche) wurde lang und intensiv geführt und berührte sowohl die grob- als auch die feinstofflichen Ebenen. Es war das Schicksal Italiens, das auf dem Spiel stand. Die politische Verwandlung von einer Republik zu einem Reich brachte einen Paradigmenwechsel mit sich, der eine archaische Tradition der autochthonen Völker Italiens durch eine kosmopolitisch begründete Diktatur, die viel stärker mit südöstlichen (und d. h. nicht-römischen) Einflüssen durchzogen war, ersetzte. Fürsprecher der Republik wie Cato, Cicero und Ovid waren scharfe Kritiker der beginnenden Entwicklung, die auf eine Staatsdiktatur unter Herrschaft eines cäsarischen Tyrannen hinauslief; denn die-

---

7   Ovid, *Collected Works*, Loeb Classical Library, 1989.

se Entwicklung stand im Gegensatz zum traditionellen *Mos Maiorum*, repräsentierte mithin eine ihm entgegengesetzte Romanitas.

Im Unterschied zu Vergil, der die Herrschaft des Augustus als ein neues Goldenes Zeitalter anpries, formulierte Ovid eine andere Form der Romanitas. Ja, in seiner Gegnerschaft zu Augustus spricht sich in vieler Hinsicht eine positive, neue Romanitas aus. Dabei stellte Ovid die herrschende Ordnung auf sehr feinsinnige Art und Weise infrage. Dem von Augustus verfochtenen patriarchalen Kult setzte er, die Rolle des Weiblichen in der heroischen Kultur verherrlichend, die *Heroides* (Heldinnen) entgegen. Augustus' Propagierung der Ehe und Monogamie wurde gekontert von der heroischen Verführungskunst (*Ars Amatoria*); das Erstarken fremdländischer Kulte von der Verherrlichung altüberlieferter autochthoner Religionspraktiken der „Fasti". Freilich blieb Ovids subversives Tun nicht unbemerkt. Bald wurde der gefeierte Dichter ins Exil an die Grenzen des Reiches – an die Nord-Küste des Schwarzen Meeres, Heimat des halbzivilisierten (barbarischen) Volkes der Daker – verbannt. Insgesamt waren Vergil und Ovid weit mehr als nur große Literaten. Im Rahmen der Italischen Tradition (Romanitas) bezog man sich auf sie als Vates, als Orakel spiritueller Wahrheiten bzw. als Seher, welche die künftige Gestalt Hesperias voraussagten.

Apuleius und die Kunst der Metamorphosen

Apuleius von Madauros (124–174 n. Chr.) wurde als gelehrter Autor, der umfassend über Magie, Mythologie, Divination und Selbsttransformation schrieb, betrachtet. Er verfasste die klassische Erzählung über die Verwandlung: *Der Goldene Esel.* Diese Novelle, auch bekannt unter dem Titel *Metamorphosen*, verbirgt in ihrem geistreichen Narrativ eine wirksame geistige Praxis, die als „Kontemplation der Mitternachtssonne" bezeichnet wird und die dem Initianden wichtige Einsichten darüber vermittelt, im Übergang zwischen verschiedenen Bewusstseinszuständen seinen Willen zu kontrollieren. Im *Goldenen Esel* wird der Held Lucius in einen Esel verwandelt, weil er, ohne über die entsprechenden Kenntnisse zu verfügen, die Kunst der Magie ausüben wollte; so verfällt er der Wollust und anderen weltlichen Begierden. Ein Gutteil der Novelle handelt von dem als Esel verkörperten Lucius und dreht sich um dessen langwierige Suche nach einem Heilmittel für seine Not (d. h. seine Eselhaftigkeit). Nach vielen Anläufen der Reue, Läuterung und Anrufung der heiligen Göttin Isis wird dem Esel (Lucius) Befreiung zuteil, als er dem Priester einer mysteriösen Sekte begegnet, der ihm eine Rosengirlande überreicht. Er verspeist sie und wird umgehend in einen Menschen verwandelt, der die Initiation in die Isis-Mysterien empfängt. Diese Erzählung schildert also buchstäblich das mystische Drama einer Suche nach der Rose (Initiation), was auf die mystische Liebe der Nachtigall (Seele) zur Rose (Initiation) zu beziehen ist. Denn die Rose fungierte als initiatisches Symbol in diversen Traditionen, einschließlich der Renaissance, wo sie einen bestimmten Frauentypus bezeichnete, der von den Fedeli d'Amore (Getreuen der Liebe) beschworen wurde. Es ist ferner nicht ohne Interesse zu bemerken, dass das Konzept der Eselhaftigkeit auf eine Art von Metamorphose verweist, die eine absteigende Verwandlung des Menschen zum Tier impliziert; dieser Gedanke wurde später in der Renaissance von Giordano Bruno wieder aufgegriffen.

Apuleius und DER GOTT DES SOKRATES[8]

... die menschliche Seele ist eine Art Dämon, der, nachdem er seinen Dienst im irdischen Leben verrichtet hat, sich vom Körper zurückzieht: Es ist diese Seele, die in der alten lateinischen Sprache auch als *lemur* bezeichnet wird.

Jener dieser Lemuren, dem die Aufgabe zufällt, für seine Nachkommen zu sorgen und das eigene Haus gerecht und gelassen mit Macht (Numen) zu regieren, wird als *Lar familiaris* bezeichnet. Ein ande-

---

8   Apuleius, *The God of Socrates*, Thomas Taylor, Holmes Publishing Group, 2001.

rer indessen wurde aufgrund seiner irdischen Verfehlungen seines eigenen Platzes beraubt und – gleichsam als Exilant – zur ziellosen Wanderschaft verdammt:

> ... als leere und verlorene Menschenseelen, eine Geißel für die Bösen, sind diese Dämonen eine Art von *larvae*. Falls unklar ist, welches Schicksal sie ereilte, ein *lar* oder eine *larva*, werden sie auch *mani* genannt: ein Dämon, der im Sinne eines Ehrentitels verstanden wird.

Paradoxerweise vollzog sich zur Blütezeit des Römischen Reiches eine Umkehr der Polaritäten, namentlich mit der Schwächung des Einflusses italischer Traditionen auf das römische Staatswesen, was zugleich einen Abbau autochthoner Stammesstrukturen (Familien, Abstammung, Sippen) implizierte.[9] Demgegenüber führte der wachsende Einfluss fremder Kulte – in erster Linie aus den östlichen Provinzen – zu einer Blüte exotischer Lehren, die auf Selbstläuterung, Askese und Transzendenz basierten und die vor allem in den Akademien und Bruderschaften der Italienischen Halbinsel Fuß fassten. Durchaus auf Linie dieser Lehren entwickelte der Kaiser Marc Aurel (121–161 n. Chr.) eine vom Stoizismus beeinflusste Praktik, die darauf abzielte, das individuelle Bewusstsein weg von der niedrigen Natur und hin zu den höheren Bereichen gleichsam von außen nach innen zu lenken. Plotin (204–270) und sein Schüler Porphyrios (234–305) überlieferten die initiatischen Mysterienlehren der Mittelmeergegend durch Exegese von Traktaten über neupythagoreische und neuplatonische Philosophien. Anschließend ging die Fackel der Tradition auf die Syrische Schule über, die von Jamblich (245–325) geleitet wurde. Dieser war ein Verfechter der Theurgie als bevorzugtem Mittel des Aufstiegs der Seele zum Göttlichen. Später unternahm Kaiser Julian im Weströmischen Reich

---

9　Der italische Teil der Römischen Legionen schrumpfte bis zu jenem Punkt zusammen, dass um 100 n. Chr. das Militär in der Mehrzahl von Nicht-Italiern gestellt wurde. Zu dieser Zeit bestand die Römische Armee hauptsächlich aus Söldnern, deren Loyalität wenig verlässlich war.

durch seine philosophischen Werke und seine politischen Handlungen den ehrwürdigen Versuch, die altrömischen Traditionen (Romanitas) zu restituieren. Ferner gehörte der Philosoph Sallustius (Saturninius Secundus Salutius, 367 n. Chr.) zur Gruppe derer, die die altehrwürdigen Traditionen Roms zu verbreiten suchten, und zwar in seiner einflussreichen Schrift *Von den Göttern und dem Kosmos*. Dieses Werk unternimmt eine Synthese platonischer und pythagoreischer Lehren auf Basis des philosophischen Weltverständnisses, das von Kaiser Julian artikuliert worden war und in den Kontext der von Jamblich behandelten theurgischen Lehren zu stellen ist. Übrigens war Sallustius ein enger Vertrauter Julians und begleitete diesen auf seinen nicht von Erfolg gekrönten Perserfeldzügen, auf denen der Kaiser letztlich den Tod finden sollte. Man bot hierauf Sallustios das Kaiseramt an, was er jedoch ablehnte.[10]

Die letzten Olympier – Symmachus & Macrobius

Später, im 4. Jahrhundert, gehörte Quintus Aurelius Symmachus (345–402 n. Chr.) zu einer der wenigen noch verbliebenen Familien, in denen Roms alte religiöse Traditionen weiter praktiziert wurden. Quintus Aurelius Symmachus war ein prominenter römischer Staatsmann, berühmt für einen so ernsthaften wie einfachen Redestil, der ihm die Reputation eines einflussreichen Redners und Gelehrten einbrachte. Im Jahre 384 n. Chr. wandte er sich an den neuen Kaiser Valentinian II. mit dem Anliegen, den „Victoriaaltar" wiederherzustellen, um Roms altes Erbe zu preisen und zu erhalten. Dieser Altar befand sich in der Curia Iulia, dem Sitzungsgebäude des römischen Senats, und verfügte über eine goldene Statue der Göttin Victoria, die an Augustus' Sieg über Marcus Antonius und Kleopatra in der Schlacht bei Actium erinnern sollte.[11]

---

10 Sallust, *On the Gods and the World*, CreateSpace Independent Publishing.
11 L. M. A. Viola, *Quinto Aurelio Simmaco: Lo splendore della Romanitas*, Victrix; Quinto Aurelio Simmaco, *In Difesa della Tradizione*, hg. v. Renato Del Ponte. *Relazione sulla rimozione del'Ara della Vittoria*, Arya.

Einer der letzten Weisen, der über Mysterientraditionen schrieb, war Macrobius (430 n. Chr.), Verfasser der *Saturnalia* und eines *Kommentars zum Traum des Scipio*, dem klassischen Werk des römischen Redners Cicero über Trauminitiation bzw. *Ars Insomnium*. Macrobius wurde seitens der Stadtpräfekten als hervorragender Mann geehrt; man verlieh ihm den Ehrentitel *Vir Illustris*.

Macrobius' Kommentar zum Traum des Scipio[12]

Wir wurden unmissverständlich darüber belehrt, dass dem Menschen qua seines Wesens eine besondere Göttlichkeit innewohnt und dass wir durch unsere Verwandtschaft mit dem himmlischen Geist gleichsam geadelt sind ... Dies ist der Zustand, den Platon, wenn er im *Timaios* über die Beschaffenheit der Weltseele spricht, als ‚zugleich unteilbar und teilbar' bezeichnet. Seelen – gleichviel, ob die Weltseele oder Individualseelen – werden nicht mehr mit der Teilung vertraut sein, wenn sie sich auf die Einmaligkeit ihrer göttlichen Beschaffenheit besinnen ... Wenn nun die Seelen eine Erinnerung an die göttliche Ordnung, die ihnen in den Himmeln bewusst war, in die Verkörperung mitbrächten, so gäbe es unter den Menschen hinsichtlich ihrer Göttlichkeit keinerlei Unterschiede. Doch trinken alle Seelen auf ihrem Abstieg vom Vergessen, manche mehr, manche weniger ... Sei nicht davon irritiert, dass in Bezug auf die Seele, die wir unsterblich nennen, so oft das Wort ‚Tod' gebraucht wird. In Wirklichkeit wird die Seele durch den Tod nicht zerstört, sondern lediglich eine Zeit lang verschüttet; noch auch verliert sie ihr Privileg der Unsterblichkeit wegen ihres Aufenthalts in irdischen Gefilden. Denn wenn sie sich von allen Unreinheiten befreit hat und der Vergeistigung würdig geworden ist, verlässt sie den Körper wieder und kehrt, ihren vormaligen Zu-

---

12 Macrobius, *Commentary on the Dream of Scipio*, Columbia University Press, 135–137.

stand wiedergewinnend, zur Herrlichkeit des unvergänglichen Lebens zurück.

Ein zentraler Grundsatz der neupythagoreischen und neuplatonischen Lehren ist das Gesetz der Emanation. Es bezieht sich auf den in verschiedenen Hypostasen sich entfaltenden Manifestationsvorgang, bei dem die höchste Quelle bzw. Monade vermittels der Weltseele (Anima Mundi) zur Individualseele (Numen) ausfließt. Kraft ihrer Rückbindung an die Monade ist diese Hypostase von geistiger Natur und von der materiellen Sphäre geschieden. Demgegenüber lehrten die Pythagoreer und Platoniker, dass die Dyade den nichtgeistigen (materiellen) Bereich repräsentiert, den Schatten materieller Veränderung und Verderbtheit.

Macrobius zum neupythagoreischen
Gesetz der Emanation[13]

In seiner ersten Form wird das Eine als Monade bezeichnet; es ist Einheit, männlich und weiblich, gerade und ungerade, nicht selber Zahl, sondern Prinzip und Quelle der Zahlen. Die Monade ist Anfang und Ende aller Dinge, hat selber jedoch weder Anfang noch Ende. Sie bezieht sich auf den höchsten Gott und grenzt unser Verständnis von diesem (dem Einen ohne Zahl) von der Anzahl der darauf folgenden Dinge und Kräfte ab: Man sollte sie nicht voreilig in einer niedrigeren Sphäre als der Sphäre Gottes suchen. Denn sie ist auch der Geist, der, aus dem höchsten Gott hervorgegangen, keine zeitliche Veränderung kennt, sondern immer in ein- und derselben Zeit, der Gegenwart, verharrt. Obgleich die Monade nicht ‚gezählt' werden kann, birgt sie doch unzählige Urbilder der geschaffenen Entitäten in sich bzw. lässt diese aus sich heraus entstehen. Wenn du etwas darüber nachdenkst, wirst du bemerken, dass die Monade

---

13 Macrobius, *On the Neopythagorean Law of Emanation.*

auf die Seele verweist. Denn die Seele ist frei von jeglichem materiellen Makel; sie ist allein durch ihren Schöpfer und durch sich selbst; ihr eignet ein einfaches Wesen. Dieses belebt den gesamten Kosmos und lässt keinerlei Teilung seiner Einzigkeit zu. Die Monade, aus der Erstursache hervorgegangen, ist überall in gleichem Maße und auf unteilbare Weise präsent, da sie die Kontinuität ihrer Kräfte sogar in Bezug auf die Seele bewahrt.

Im späten 4. Jahrhundert waren die Familien von Flavianus, Praetextatus sowie dem zuvor genannten Symmachus die letzten Sippen (Gens), gleichsam die letzten Bollwerke, welche die antiken Überlieferungen, geistigen Traditionslinien und die bis ins olympische Heroenzeitalter zurückreichenden Blutlinien noch aufrecht erhielten.

Und wenn wir glauben, dass die Unterwelt in diesem Körper angesiedelt ist – was ist der Tod der Seele anderes als das Eintauchen in die Unterwelt des Körpers, was ist ihr Leben anderes als die Rückkehr in die überirdischen Gefilde, nachdem sie den Körper wieder verlassen hat (Macrobius, *Kommentar zum Traum des Scipio*, I 10, 17).

Dante und die Fedeli d'Amore

Die Liebe, die der banalen Sentimentalität entkleidet und als unverhüllte Macht in magischer Beschwörung und Transzendenz eingesetzt wird, ist – in den Worten des göttlichen Dichters – „eine Liebe, die Gestirne und Sonnen bewegt".

Nach den Unruhen, Kriegen und Invasionen fremder Mächte, durch welche die Jahrhunderte nach dem Untergang des Römischen Reiches geprägt waren, herrschte auch im italienischen Mittelalter ein stetiger Kampf um die Vorherrschaft zwischen der reichstreuen (ghibellinischen) und papsttreuen (guelfischen) Fraktion. Nachdem sie fast ein Jahrtausend verborgen (Latium) geblieben waren, sehen wir eben jene beiden entgegengesetzten Kräfte – gleich einer trüben Glut aus den römischen Katakomben – erneut aus dem Untergrund aufsteigen, die wir zuvor als die beiden Zwillingsseelen von Romulus und Remus ausgemacht hatten, nun allerdings mit dem Gewand der Ghibellinen und Guelfen bekleidet.

Im Einklang mit diesem Ringen der Kräfte war die italienische Erde von geistigen Nährkräften durchschwängert. Ihre ergiebigste Frucht wurde von einem Kreis aus Dichtern – Gottsuchern, die als Fedeli d'Amore (Getreuen der Liebe) bekannt sind – geerntet. Der herausragendste Vertreter dieses Kreises war Dante, dessen episches Gedicht, die *Göttliche Komödie*, von initiatischen Sinnbildern übervoll ist. Die Fedeli d'Amore praktizierten eine mystische Form der Initiation, in welcher die Macht der Liebe durch eine kontemplative Praxis, die sich der magnetischen Kraft des Weiblichen bediente, gesteigert und konzentriert wurde, um das Bewusstsein zum Göttlichen zu erheben. In der von Dante in seiner *Göttlichen Komödie* beschriebenen Jenseitsreise bleibt sowohl die objektive Sphäre der Erzählung als auch die subjektive Dimension der Erzählweise vom komplexen Verhältnis zwischen Worten und Tatsachen, zwischen Dichtung und Erfahrung bestimmt. Einerseits behauptet der Dichter, bei seiner Reise handele es sich um eine reale Erfahrung, andererseits macht er zugleich geltend, dass die menschliche Sprache zur Artikulation seiner außergewöhnlichen Erfahrung unzureichend sei. In dieser Hinsicht spielen Erinnerung, Imagination und die Genialität seines Ausdrucksvermögens eine wichtige Rolle. Man könnte die *Göttliche Komödie* nach dem Muster des alchemistischen Opus lesen: *Inferno* (*Nigredo*, schwarz), *Purgatorio* (*Albedo*, weiß) und *Paradiso* (*Rubedo*, rot). Aus traditioneller Sicht waren die Fedeli d'Amore treue Diener der Liebe im Sinne verkörperter Instrumente Amors, der göttlichen Liebeskraft, wobei diese im Kontext Dantes von der Ghibellinischen Partei – geführt von Friedrich II., dem Herrscher des Heiligen Römischen Reiches, bekannt als *Stupor Mundi* – repräsentiert wurde.

Das *trobar clus* der *Göttlichen Komödie* lässt sich klären, berücksichtigt man die geheime Verbindung, die Dante und die Fedeli d'Amore mit Äneas und den Äneaden verknüpft.[1] Denn die Äneaden waren eine Sodalität (Bruderschaft) in einem spirituellen und atavistischen Sinne; ihr Auftrag bestand darin, die Äneadische Mission zu erfüllen: die Wiederherstellung der Hesperischen Tradition.[2]

---

1   Zu den Äneaden gehörten Äneas' Trompeter Misenus, sein Vater Anchises, seine Freunde Achates, Sergestus und Acmon, der Heiler Iapyx, der Steuermann Palinurus und sein Sohn Ascanius (auch als Iulus, Julus oder Ascanius Julius bekannt). Er nahm die Lares und Penates, die Statuen der Hausgötter von Troja, mit sich und brachte sie nach Italien. Latinus, der König der Latiner, nahm Äneas' Heer der verbannten Trojaner auf und ermöglichte ihnen in Latium ein neues Leben. Äneas hatte einen weit verzweigten Stammbaum, zu dem auch Iulus (oder Julius) gehörte, der Alba Longa gründete und der erste einer langen Reihe von Königen war. Nach der von Vergil in der *Aeneis* dargelegten Mythologie stammten Romulus und Remus beide über ihre Mutter Rhea Silvia von Äneas ab, was diesen zum Stammvater des römischen Volkes machte. Die julianische Familie Roms, vor allem Julius Caesar und Augustus, führten ihre Abstammung auf Ascanius und Äneas zurück, also auf die Göttin Aphrodite. Über die Julier führen auch die legendären Könige von Britannien ihre Familie auf einen Enkel des Äneas, Brutus, zurück.

2   Dante – *Brief an Can Grande* sowie vor allem *De Monarchia*, wo Dante vom mit der Rückkehr von Veltro und Can verknüpften Mysterium berichtet.

Dante

Auszüge aus DIE GÖTTLICHE KOMÖDIE[3]

Inferno

„Ihr die gesund euch das Verständnis wahrtet,

Erwägt die Lehre wohl, die mit dem Schleier,

Der Verse sich verhüllt, die seltsam lauten!"[4]

Purgatorio

„Erkennt ihr nicht, daß wir nichts sind als Würmer,

Bestimmt den Engelsschmetterling zu zeugen,

Der wehrlos dem Gericht entgegenfliegt?

Was überhebt sich so eu'r stolzer Mut,

Da ihr erst werdende Insekten seid,

Gleich Würmern, deren Bildung noch bevorsteht."[5]

Und er zu mir: „Indem du die Gedanken

Nur auf die ird'schen Dinge richtest, glaubst du,

In wahrem Licht nur Finsternis zu sehen.

Das Gut dort oben, welches unaussprechlich

Ist und unendlich, eilt der Lieb' entgegen,

Wie sich der Strahl zum lichten Körper wendet.

Je nach dem Maß der Glut gewährt es sich,

So daß, wie sehr die Liebe sich erweitert,

So sehr die ew'ge Kraft darüber fortwächst.

Je mehr der Herzen droben sich begegnen,

Je mehr ist liebenswert und wird geliebet,

Und, Spiegeln gleich, teilt einer mit dem andern."[6]

Paradiso

„Des Allbewegers Herrlichkeit durchdringt

Das ganze Weltall, aber sie erglänzet

---

3   Folgende Passagen aus Dantes *Göttlicher Komödie* werden nach der deutschen Übertragung von Karl Witte (Berlin 1865) zitiert.

4   *Inferno*, Gesang IX, Verse 61–63.

5   *Purgatorio*, Gesang X, Verse 124–129.

6   *Purgatorio*, Gesang XV, Verse 64–75.

An einer Stelle mehr, als an der andren.
Im Himmel, dem von seinem Licht am meisten
Zuteil wird, war ich und ich schaute Dinge,
Die weder sagen kann, noch weiß, wer heimkehrt ..."[7]

O gütiger Apollo, mach du mich
So zum Geräte für die letzte Arbeit,
Wie du verlangst zur werten Lorbeerspende.

So siehst du zu dem Baume der dir lieb ist
Mich kommen, mit dem Laub mich zu bekränzen,
Des du mich wert machst und der Gegenstand.[8]

Aus kleinem Funken lodert große Flamme;
Vielleicht, daß einst mit mehr befugter Stimme
Gebeten wird um Cirrhas günst'ge Antwort.[9]

„Die Menschheit überschreiten" ist durch Worte
Nicht auszudrücken, drum genüge jedem,
Dem Gnad' Erfahrung vorbehält, das Beispiel."[10]

Ich sagte: „Schon werd' ich von großem Staunen
Beruhigt; doch, wie diese leichten Körper
Mein Körper überfliegt, bestaun' ich nun."[11]

Mitte des 15. Jahrhunderts, in der Endphase des Oströmischen Reiches mit Sitz in Konstantinopel, begab der führende byzantinische Gelehrte und Mystiker seiner Zeit, Georgios Gemistos Plethon, sich auf die Mission, die platonische Philosophie in Europa wiederzubeleben. Im Jahre 1438 wurde Plethon zur Teilnahme an einem ökumenischen Konzil in Florenz eingeladen, das auf eine Versöhnung von Griechischer und Römischer Kirche abzielte. Plethons vielsei-

---

7 *Paradiso*, Gesang I, Verse 1–6.
8 *Paradiso*, Gesang I, Verse 13–15, 25–27.
9 *Paradiso*, Gesang I, Verse 34–36.
10 *Paradiso*, Gesang I, Verse 97–99.
11 *Paradiso*, Gesang I, Verse 70–72.

tige und gelehrte Unterweisungen trugen dazu bei, das Wissen um Platons philosophisches Werk unter den damaligen Gelehrten wieder bekannt zu machen und zu verbreiten. Sein Einfluss in Italien war beträchtlich, vor allem auf den florentinischen Gelehrten Marsilio Ficino (1433–1499) sowie auf die Familie der Medici, welche die Künste und Wissenschaften förderten und die Gründung einer den Idealen der antiken Platonischen Akademie von Athen verpflichteten Florentiner Akademie finanzierten.

Zweifellos zählt Marsilio Ficino zu den einflussreichsten Denkern der Renaissance. Er machte die Gesellschaft seiner Zeit mit einer neuen Vorstellung von der menschlichen Natur vertraut, die das göttliche Vermögen im Menschen betonte. Als Lehrer und Oberhaupt eines bemerkenswerten Kreises von Menschen, war sein Beitrag zur sich verändernden Landschaft des europäischen Denkens immens. Für Ficino boten die Schriften Platons den Schlüssel zum höchsten dem Menschen zugänglichen Wissen: der Erkenntnis Gottes und der Seele. Es war die Aufnahme dieses göttlichen bzw. metaphysischen Wissens, woran Ficino, sein Kreis wie auch spätere Schriftsteller und Künstler interessiert waren. Schon als junger Mann wurde Ficino von Cosimo de' Medici dazu ermutigt, Platon im griechischen Original zu studieren. Später war er Cosimos Enkel Lorenzo de' Medici eng verbunden, unter dessen Einfluss Florenz seine Blütezeit erlebte. Um Ficino und Lorenzo herum scharten sich Männer vom Range eines Landino, Bembo, Poliziano und Pico della Mirandola. Die von ihnen diskutierten Vorstellungen sollten sich für die Werke von Spenser, Shakespeare, Donne, Botticelli, Michelangelo, Raphael, Dürer und vielen anderen Schriftstellern und Künstlern als entscheidend erweisen.[12]

Im Jahre 1462 begann Cosimo de' Medici also mit der Neugründung der Platonischen Akademie in Florenz und wählte Ficino zu deren Leiter. Cosimo verschaffte Ficino eine Anzahl griechischer Manuskripte von Platons Werken, woraufhin dieser das gesamte

---

12 Marsilio Ficino, *Three Books on Life*, MRTS.

platonische Corpus ins Lateinische übertrug. Ferner übersetzte er eine Sammlung hellenistischer Dokumente, bekannt unter dem Titel *Hermetica*, sowie die Schriften der Neuplatoniker, einschließlich des Porphyrios, Jamblich, Plotin und Pseudo-Dionysios Areopagita, ins Lateinische. Die Übersetzung des *Corpus Hermeticum* war 1463 vollendet. Es handelt sich hierbei um die lateinische Übertragung von vierzehn Abhandlungen, von der vor 1500 bereits acht Auflagen und bis 1641 weitere zweiundzwanzig Auflagen gedruckt wurden. Diese Sammlung beinhaltet Poimandres' und Hermes' Gespräche mit den Schülern Tat, Ammon und Asklepios; sie stammen angeblich aus der Schule des Ammonios Sakkas und seien über Michael Psellos vermittelt überliefert worden. Die letzten drei Abhandlungen der modernen Editionen wurden auf Basis eines anderen Manuskripts von Ficinos Zeitgenossen Ludovico Lazzarelli (1447–1500) übersetzt und erstmals 1507 gedruckt. Das Wiederauftauchen und die Übersetzung dieser dem Hermes zugeschriebenen Grundtexte bewirkte in ganz Europa ein neubelebtes Interesse an der Hermetik.

Marsilio Ficino über die Göttliche Liebe

Ficino war auch maßgeblich an der Wiederbelebung des Konzepts der „platonischen Liebe" im Westen beteiligt. Am vollständigsten entwickelte er dieses Konzept in einem seiner einflussreichsten Werke: *De amore.* 1484 verfasst, lässt sich Ficinos Philosophie der Liebe, die sich im Wesentlichen um die beiden Hauptthemen Licht und Liebe dreht, folgendermaßen zusammenfassen.

Licht ist der Glanz der göttlichen Schönheit. Es durchdringt die gesamte Schöpfung; folglich haben alle geschaffenen Wesen an ihm teil. Wann immer der Mensch die Schönheit des Alls betrachtet, erblickt und liebt er überall einen Strahl des höchsten Lichts und wird emporgehoben zur Erfassung seines reinen Wesens. Liebe ist das Lebensprinzip alles Seienden, denn sie ist in

allem und für alles da, alle Wesen unauflösbar umfassend: Da sie
das Werk eines einzigen Schöpfers sind, sind sämtliche Teile der
Welt einem großen Ganzen zugehörig und einander ähnlich in
Wesen und Leben, ja sind miteinander verbunden durch wech-
selseitige Zuneigung. Somit kann die Liebe zurecht als das im-
merwährende Band der Welt bezeichnet werden, als unbewegli-
che Stütze ihrer Teile und als festes Fundament ihres Gesamtauf-
baus. Die Wirklichkeit wird vermittels der Augen formhaft wahrgenommen; vermittels der Liebe wird sie als Liebe wahrgenommen. Alles ist beseelt; und diese Seele ist nichts anderes als eine
geheime Macht, das Prinzip des Lebens und der Harmonie, eine Art von Schönheit. Der stoffliche Körper ist unbedeutend im
Vergleich zur unsterblichen Seele.[13]

Ficino behauptet, dass „der Mensch die wahre Schönheit nur durch
göttliche Inspiration verstehen kann". Nun ist das Verständnis der
wahren Schönheit für den Aufstieg der Seele zum engelhaften Geist
und schließlich zu Gott nötig; und der engelhafte Geist sucht Gott
vermittels der Schönheit zu erreichen und ist von diesem Begehren bestimmt. Ficino definiert das Begehren als eine Teilhabe am
Einfluss der beiden Venus und Cupido – göttlich und gewöhnlich
(irdisch). Die platonische Quelle für diese Aufstiegsvorstellung wird
als „Liebesleiter" bezeichnet.[14]

Das Wesen der Wirklichkeit liegt folglich in ihrem Inneren verborgen. Die Wahrheit aller Dinge muss hinter dem äußeren Schleier, der sie umhüllt, gesucht werden. Der Mensch ist dazu imstande,
das Geheimnis der Welt zu erfassen. Sein inneres Auge vermag die
trübe Oberfläche des Wirklichen zu durchdringen und überall den
glänzenden Abdruck der Schönheit Gottes zu erblicken. Die Bemü-
hung, sich über die Welt der Erscheinungen zur Wahrheit zu erheben, markiert die Stufen des menschlichen Aufstiegs zu Gott: ei-

---

13 Marsilio Ficino, *The Letters of Marsilio Ficino*, Vol. 1–10, Shepheard-Walwyn.
14 Marsilio Ficino, *Commentary on Plato's Symposium on Love*, Spring Publi-
    cations.

nen gradweisen Aufstieg, der einer Rückkehr bzw. Rückeroberung gleichkommt. In Ficinos *Kommentar zum Symposion*, d. h. in *De amore*, wird unmissverständlich behauptet, Liebe und Schönheit seien die geeigneten Mittel, um zum Göttlichen aufzusteigen.[15] Dementsprechend wurde bei den Künstlern wie auch in der kultivierten Gesellschaft der Renaissance die Schönheit als äußere Manifestation innerer Tugend erachtet.

Dabei war Ficino ein ordinierter Priester, der sich neben der Ausübung religiöser Riten auch der Medizin, Astrologie, Astralmagie und dem Vegetarismus widmete. Sein Leben lang erklärtermaßen von Schwermut bedrückt, legte er in sehr detaillierter Form sein persönliches astrologisches Diagramm vor, welches die Vorherrschaft des Saturn in seinem Wesen aufzeigte. Um diesem seinem melancholischen Naturell entgegenzuwirken, griff Ficino bald zu einer Orphischen Leier, der er Töne entlockte, um seine Seele in jene Sphären zu erheben, die jenseits des Einflusses des Saturns liegen. Insgesamt muss die Florentiner Akademie als Versuch gelten, Platons Philosophie wiederzubeleben und die Stoßrichtung bzw. den Verlauf der italienischen Renaissance sowie der europäischen Philosophie zu beeinflussen. Tatsächlich zog sich der Einfluss dieser Lehren durch die gesamte Renaissance, in der Ficino für seine astralmagischen Praktiken bekannt war, die in hohem Maße aus einem umfangreichen Werk der okkulten und magischen Lehren schöpften: dem *Ghayat al-Hakim*, besser bekannt unter dem Namen *Picatrix*.

Ficino verfasste außerdem 1489 das einflussreiche Werk *De triplici vita* (*Drei Bücher über das Leben*), das Ratschläge zu medizinischen und astrologischen Praktiken zur Erhaltung der Gesundheit und Lebenskraft enthält und das zudem eine neuplatonische Auffassung von der Beseeltheit der Welt und deren Verflechtung mit der menschlichen Seele entfaltet.

---

15 Arnolfo B. Ferruolo, *Botticelli's Mythologies*; Ficinos *De amore*; Polizanos *Stanze per la Giostra: Their Circle of Love*, Harvard University.

Es gibt einige abergläubische und blinde Menschen, die das Leben zwar in den niedrigsten Tieren und den unbedeutendsten Pflanzen sehr klar sehen, es jedoch in den Himmeln bzw. im All nicht sehen ...[16]

In den *Büchern über das Leben* beschreibt Ficino die Verbindungen zwischen der geistigen und phänomenalen Welt, zwischen Ursache und Wirkung. Er liefert eine Liste siderischer und psychologischer Einflüsse, die das menschliche Schicksal durchherrschen. Seine medizinischen Werke übten einen beachtlichen Einfluss auf die Renaissance-Ärzte wie etwa Paracelsus aus, dessen Sicht auf die Einheit des Kosmos und die Entsprechungen zwischen Makro- und Mikrokosmos – deren somatische und psychologische Manifestationen das Studium der Signaturen als Wegweiser für die Interpretation von Krankheiten motivierte – er teilte.

Ficinos lateinische Übersetzungen des *Corpus Hermeticum* entfachten das Interesse an Studium und Praxis der Hermetik im Abendland aufs Neue. Die Wirkung seiner philosophischen Schriften und Übersetzungen war unmittelbar in den Werken seiner Nachfolger – Pico della Mirandola, Giordano Bruno, Tommaso Campanella – spürbar und dauert im Grunde bis heute fort. Insgesamt betrachtet ist Marsilio Ficino die vollkommene Verkörperung eines Renaissance-Universalgelehrten: ein geistiger Magier und Vates, dessen Gelehrsamkeit bzw. Lehren eine neue Welt von Entdeckungen eröffneten, die zur Wiederbelebung der hermetischen Künste und initiatischen Praktiken in der westlichen Esoterik führten.

Pico della Mirandola und die Christliche Kabbala

Du wurdest weder himmlisch noch irdisch, weder sterblich noch unsterblich geschaffen, denn als freies und souveränes Wesen hast du dich selbst gestaltet und nach deiner eigenen Form gebil-

---

16   Marsilio Ficino, *The Letters of Marsilio Ficino*, Vol. 1–10, Shepheard-Walwyn.

det. Nach eigenem Willen kannst du tiefer als das Tierische sinken oder dich zu einem göttlichen Wesen umgestalten (Pico della Mirandola, *Über die Würde des Menschen*).

Im Gefolge seines Florentiner Landsmanns Ficino erwarb sich auch der Edelmann und Philosoph Pico della Mirandola (1463–94) den Ruf eines Renaissance-Genies, indem er einige wegweisende Texte zu Humanismus und Metaphysik verfasste, so etwa die Rede *Über die Würde des Menschen* und einen Traktat über den freien Willen (900 Thesen), nicht zuletzt sein bedeutendstes Werk über eine christliche Form der Kabbala, genannt *Heptaplus*.

Pico siedelte sich in der Nähe von Perugia und Fratta an. Wie er an Ficino schrieb, war es an diesem Ort, „als die göttliche Vorsehung … mir einige Bücher in die Hände fallen ließ, nämlich die chaldäischen Bücher … von Esra, Zoroaster und Melchior, die Orakel der Magier, die eine so kurze wie trockene Interpretation der chaldäischen Philosophie liefern und dabei voll von Mysterien sind". Ebenfalls in Perugia wurde Pico mit der Hebräischen Kabbala vertraut gemacht, die ihn – gleich den klassischen hermetischen Schriftstellern wie Hermes Trismegistos – faszinierte. Zu Zeiten Picos hielt man die Kabbala und das hermetische Schrifttum für so alt wie das Alte Testament. Die originellsten seiner 900 Thesen betrafen die Kabbala. Infolgedessen wurde er zum Gründer jener als Christliche Kabbala bezeichneten Tradition, die eine zentrale Rolle in der frühmodernen westlichen Esoterik spielen sollte. Picos Ansatz, ganz verschiedene Philosophien miteinander zu versöhnen, war höchst synkretistisch, insofern er sie – wie behauptet wurde – eher nebeneinanderstellte als den Versuch zu unternehmen, sie entwicklungsgeschichtlich einzuordnen.

Im Alter von nur 31 Jahren wurde Pico 1494 unter mysteriösen Umständen zusammen mit seinem Freund Angelo Poliziano vergiftet. Es ging das Gerücht um, sein eigener Sekretär habe ihn vergiftet, weil Pico sich zu stark Savonarola angenähert hatte, dem Dominikanermönch und Prediger, der seinerzeit in Florenz seine Aktivitäten entfaltete und für seine schwarzmalerischen Prophezeiungen, die Zerstörung säkularer Kunst und Kultur sowie den Aufruf zu einer grundlegenden christlichen Erneuerung bekannt war. Auf Picos Beisetzung in Florenz hielt Savonarola die Grabrede. Ficino bemerkte:

> Unser geliebter Pico hat uns am selben Tage verlassen, an dem Karl VIII. in Florenz einzog und die Tränen der Gelehrten wurden durch die Freude des Volkes aufgewogen. Ohne das Licht, das vom König Frankreichs gebracht wurde, hätte Florenz vielleicht niemals einen finstereren Tag erlebt als jenen, an dem Mirandolas Lebenslicht erloschen ist.[17]

Im Jahre 2007 wurden die Körper von Poliziano und Pico della Mirandola aus der Basilika San Marco in Florenz exhumiert. Wissenschaftler unter der Leitung Giorgio Gruppionis – Professor für Anthropologie in Bologna – suchten die Todesursache der beiden Männer mittels moderner Verfahren zu klären. Ein Jahr darauf wurden die Resultate bekanntgegeben: Beide Männer starben offenbar an einer Arsenvergiftung, die möglicherweise von Lorenzos Nachfolger, Piero de' Medici, in Auftrag gegeben worden war. Picos Neffe Giovanni Pico della Mirandola (1470–1533) führte die Beschäftigung mit esoterischen Traditionen fort und legte mit seinem Text *De Auro* eine gelehrte Studie zur alchemistischen Herstellung von Gold vor.

Pomponio Leto und die Römische Akademie[18]

Sigismondo Malatesta, Condottiere (Herr) von Rimini, war ein wichtiger Förderer der humanistischen Renaissance-Kultur. Er ist vor allem bekannt für seinen Sieg über die osmanische Armee (1464) sowie die Errichtung des berühmten „Malatesta-Tempels", der von

---

17   Marsilio Ficino, *The Letters of Marsilio Ficino*, Vol. 1–10, Shepheard-Walwyn.
18   Pomponio Giulio Leto und die Römische Akademie – Maria Accame Lanzillotta, *Pomponio Leto: vita e insegnamento*, Tored.

Ezra Pound in seinen *Cantos* besungen wird. Als Förderer der Gelehrten stand er in Kontakt mit der „Accademia Romana" (Römischen Akademie), die von Pomponio Leto (1428–1498) gegründet worden war. Dieser humanistische Gelehrte machte sich im Jahre 1457 daran, die Klassik wiederzubeleben und eine Tradition altrömischer Nobilität zu begründen. Er rief also die Römische Akademie ins Leben, deren Mitglieder sich griechische und lateinische Namen – wie Kallimachos – zulegten und sich in Letos Villa auf dem Quirinal trafen. Diese Treffen waren dazu bestimmt, die klassische und humanistische Lebensform zu diskutieren, wie z. B. die alljährliche Feier anlässlich der Gründung Roms (21. April) oder das Andenken an dessen ersten König Romulus. Die Verfassung dieser Römischen Akademie glich der eines antiken Priesterkollegs, bei dem Laetus zum Pontifex Maximus ernannt wurde und den lateinischen Namen Iulius Pomponius Leto annahm. Die Akademie verbreitete altrömische und humanistische Werke, etwa mit der Veröffentlichung von Vitruvs *De architectura*; ferner brachte sie erstmals seit der Antike eine Tragödie Senecas auf die Bühne. Von Friedrich III. erhielt die Akademie die Erlaubnis, die besten zeitgenössischen Dichter mit dem Lorbeerkranz zu krönen. Dem Verdacht der Wiederbelebung heidnischer Religion ausgesetzt, wurde die Akademie schließlich von der Inquisition geschlossen.

Doch wurden 1498, d. h. in Letos Todesjahr, die hermetischen Orden der „Fratres Lucis" und „Fratres Tenebris" in Florenz gegründet. Diese initiatischen Orden waren neupythagoreisch inspiriert und wurden sogleich in einem Inquisitionstribunal als häretisch verdammt. Dem Beispiel Dantes und der Fedeli d'Amore folgend, wurden die Mitglieder des Ordens insgeheim mit dem symbolischen Namen „Schwester" angesprochen.[19]

Im Jahre 1515 schrieb Giovanni Aurelio Augurelli (1454–1537) sein wirkmächtiges Traktat *Chrysopoeia* über die Kunst der Gold-

---

19 Fratres Lucis – Melita Denning, Osborne Phillips, *The Foundation of High Magick: The Magical Philosophy*, Llwellyn Publications.

herstellung. Die Schrift wurde vielfach nachgedruckt und in mehrere Sprachen übersetzt. Wie die Mehrzahl der humanistischen Renaissance-Literatur deutet das Traktat die klassischen Heldenmythen als Sinnbilder für die alchemistischen Operationen *solve et coagula* (löse und verbinde). Es bedient sich der mythologischen Gehalte als Quelle zur Darstellung verschiedener Stufen der Verwandlung, die der hermetische Held durchläuft; die Läuterung des Selbst in dessen Bewährung gegenüber existenziellen Herausforderungen wird dem Prozess der Veredelung stofflicher in feinstoffliche Kräfte parallelisiert. Giovanni Braccesco (1482–1555) war ein norditalienischer Alchemist, der in *La esposizione di Geber* (*Die Darlegung Gebers*) und *Il legno della vita* (*Das Holz des Lebens*) vom Lebenselixier handelte.[20] Braccescos Schriften übten einen erheblichen Einfluss auf den italienischen Philosophen der Hermetik im 20. Jahrhundert, Julius Evola, aus, wie die vielen Zitate aus Braccescos Werken in Evolas *Die hermetische Tradition* beweisen.

Der hermetische Philosoph Giulio Camillo (1480–1544) verfolgte aufmerksam die Aktivitäten von Pomponio Letos Römischer Akademie, welche die humanistische Kultur des antiken Griechenland und Rom zu neuem Leben erwecken wollte.[21] Camillo galt als Meister der Mnemotechnik (Gedächtniskunst); in seinem noch immer lesenswerten Buch *Die Idee des Theaters* (*L'idea del teatro*) beschreibt er im Detail gewisse Mnemotechniken zur Stärkung des Geistes, die darauf hinauslaufen, ein verinnerlichtes Theater des universellen Geistes zu entwerfen.

Francesco Colonna & die HYPNEROTOMACHIA POLIPHILI

Der vielleicht kunstvollste Ausdruck mystischer Liebe in der Renaissance findet sich in einem rätselhaften Werk mit dem Titel *Hypne-*

---

20 Giovanni Braccesco, *Il legno della vita dall'edizione del 1562*, Edizioni rebis, 2011.
21 Giulio Camillo Delminio, *L'idea del theatro. Con „L'idea dell'eloquenza", il „De transmutatione" e altri testi inediti*, Adelphi.

rotomachia Poliphili. Dieser Titel setzt sich aus einer Verschmelzung mehrerer griechischer Begriffe zusammen: Hypnos/Schlaf (ὕπνος), Eros/Liebe (Ερως), Machê/Kampf bzw. Streit (μαχε). Der Text stammt von einem uns nicht bekannten Verfasser, bei dem es sich – wie manche behaupten – um einen geheimnisvollen Venezianischen Mönch gehandelt haben soll. Andere Forscher – und dies ist wohl die glaubwürdigste Hypothese – schreiben das Werk Francesco Colonna (1433–1527) zu, dem Abkömmling von einer der ältesten römischen Aristokratenfamilien, deren Stammbaum sich auf die Julier (ein Äneadisches Geschlecht) zurückführt. Die erste Edition des Buches erschien 1499 in der berühmten Aldinen-Druckerei Venedigs, die sich in der Veröffentlichung klassischer griechischer und lateinischer Werke einen Namen gemacht hatte. Die *Hypnerotomachia* erlebte mehrere Neuauflagen und Nachdrucke, da sie sowohl wegen der Eigentümlichkeit ihres Inhalts als auch wegen der kunstvollen Illustrationen, in denen Nymphenszenen in verschiedenen Stufen erotischen Verlangens abgebildet sind, rasch Berühmtheit erlangte.

Aufgrund seines mysteriösen Inhalts, der in Form von Allegorien zu Tage tritt und im Schleier des Strebens und Kämpfens des Hauptprotagonisten Poliphilo um den Gegenstand seiner Liebe Polia – dies symbolisiert die Vereinigung seines lunaren mit seinem solaren Selbst (Polia mit Poliphilo) – verhüllt wird, bietet das Buch eine eigentümliche Lektüre.[22] Die Reise – nicht unähnlich der Katabasis Vergils oder Dantes – beinhaltet eine oneirische Versenkung in einen veränderten Bewusstseinszustand, in welchem der Protagonist (der initiatische Held) mnemonische, oneirische, imaginale, mythopoietische und architektonische Landschaften durchwandert. Das Buch ist voll von proteischen Szenarien, die der Autor sich mithilfe von Mnemotechniken zu vergegenwärtigen versteht und die auf ar-

---

22 Vereinigung von lunarem und solarem Selbst – In der westlichen Hermetik wird dieser Zustand als die vollkommene Vereinigung bzw. Integration männlicher und weiblicher Energien des Selbst verstanden, was zu einem Zustand der Selbst-Beherrschung führt. *Hermetic Dictionary.*

chetypische Signifikanten in Gestalt olympischer Gottheiten, Helden und geistiger Initiationen verweisen, welche vor dem Hintergrund architektonischer Bezugspunkte (*loci*) dargestellt sind. Poliphilos Reise kulminiert in einer Wiedervereinigung mit seiner geliebten Polia am „Venusbrunnen", der eine Vision der Göttin Venus entfacht. Der Erzählverlauf fließt sprunghaft in einer Art Bewusstseinsstrom mit zahlreichen Wendungen und spontanen Wechseln dahin, gleich der Erfahrung eines turbulenten Traums.

Hier werden Inhalte des Unterbewusstseins in Form universeller Bilder auf das Simulakrum des inneren Auges projiziert, scheinbar unzusammenhängende und unvereinbare Bilder in einer reichen Menagerie von Themen miteinander verwoben. Die Darstellungsform ähnelt in vielerlei Hinsicht den phantasmagorischen Bildern der Dadaisten und Surrealisten des 20. Jahrhunderts. Gleichwohl entspricht der zugrundeliegende Kreis von Metathemen denen, welchen wir in den Werken von Dichtern wie Dante und Vergil begegneten, die von einem in die Unterwelt hinabsteigenden Mann berichten, der dort gewissen charakterlichen Prüfungen unterzogen wird.

Im Falle des Poliphilo verdeutlicht die mit seiner Unterweltsfahrt verknüpfte Prüfung die Unvollständigkeit seines Wesens, die sich in einem Erstarrungszustand und einer Willensschwäche manifestiert, der Unfähigkeit seiner Psyche, den oneiroiden Fallstricken hydragleicher Verwirrungen angemessen zu begegnen. Doch triumphiert Poliphilo nach diversen Kämpfen und Mühen durch Meisterung der initiatischen Künste, d. h. durch eine atavistische Wiedererweckung des Julianischen Stammes: die Tugenden der Stärke, der Erinnerungskraft, oneiroider Willensstärke, vermittels derer er sein lunares und solares Selbst in eine Einheit zu reintegrieren vermag, deren Ganzheit mehr ist als die Summe ihrer Teile. Poliphilo profitiert von den vielen Prüfungen und ist durch seine neu erworbenen Kräfte dazu imstande, sich mit Stärke und Einfallsreichtum zu behaupten sowie seine Verwandlung in einen Helden erfolgreich zu vollenden.[23]

23 Oneiroide Triumphe.

Auszug aus der Hypnerotomachia Poliphili[24]

Willst du, o Leser, verstehen, was dieses Werk enthält, so wisse, dass Poliphilo sich in allen Einzelheiten vieler wundersamer Dinge, die er geschaut, erinnert und die er nach griechischer Mundart mit „Der Kampf der Liebe in einem Traum" betitelt.

Poliphilo bekundet, viele altehr- und erinnerungswürdige Gegenstände erblickt zu haben. Und all dies hat er aufs ausführlichste und in elegantem Stil in seinen eigenen Worten beschrieben:

Pyramiden, Obelisken, verfallene, in Trümmern liegende Gebäude, verschiedene Säulentypen unterschiedlicher Dimensionen, Kapitelle, Sockel, Schriftzüge mit rechteckigen und gebogenen Balken, Zophoren oder Friese und mit Verzierungen versehene Säulen.

Ein großes Pferd, ein riesiger Elefant, eine kolossale Statue, eine prächtige, maßgearbeitete Tür mit erhabenen Ornamenten ... ein plötzlicher Schreck, die unheilvolle Anwesenheit von fünf Nymphen, ein prächtiges Bad, Springbrunnen, ein Palladium für die Königin, die den freien Willen verkörpert, ein außergewöhnliches Mahl für die Könige, eine Vielzahl von Edelsteinen mit ihren besonderen Vorzügen, ein Schachspiel, das als Tanz in drei Tonleitern gespielt wird.

Drei Gärten, einer aus Glas, einer aus Seide, ein weiterer als Labyrinth, welches das menschliche Leben repräsentiert.
Ein seitlicher Säulengang, der im Mittelalter die Dreieinigkeit mit hieroglyphischen Zeichen – gleich denen auf den heiligen ägyptischen Skulpturen – darstellte.

---

24 Francesco Colonna, *Hypnerotomachia Poliphili*, hrsg. v. M. Ariani u. M. Gabriele; Leon Battista Albertis *Hypnerotomachia Poliphili: Eros, Furore and Humanism in the Early Italian Renaissance*; Maurizio Calvesi, *Il Sogno di Polifilo*, Officina Editore 1980; Francesco Colonna, *Hypnerotomachia Poliphili: The Strife of Love in a Dream*, Thames & Hudson 2005.

Es gibt drei Türen, die Poliphilo mit Polia zu durchschreiten pflegte.

Polia führt ihn zu den vier Triumphen des Jupiter, zu den Liebschaften der Götter und Dichter, den Wirkungen und Gefühlen göttlicher Liebe.

Der Sieg des Vertumnus über Pomona. Das antike Opfer des Priapos.

Ein wundervoller Tempel der bildenden Künste, in dem Opfer als bewundernswerte Rituale und religiöse Feiern vollzogen werden.

Poliphilo und Ponia wagen sich zur Küste und erwarten die Ankunft Cupidos inmitten eines verfallenen Tempels; Polia ermuntert Poliphilo, die antiken Stätten und die vielen Darstellungen zu bewundern, gleich einem in Mosaik gestalteten Inferno. Plötzlich von Angst überwältigt, flieht er, nur um Polia zu umarmen; Cupido erscheint auf einem Boot, das von sechs rudernden Nymphen gezogen wird, wovon Poliphilo und Polia ergriffen werden; dann hebt Amor seine Schwingen und fliegt davon …

Ludovico Lazzarelli und Giovanni Mercurio Correggio

Ludovico Lazzarelli (1447–1500) war ein Anhänger des Wanderpredigers, Hermetikers und Lebenskünstlers Giovanni Mercurio da Correggio. Überhaupt leistete Florenz Mitte des 15. Jahrhunderts einen wichtigen Beitrag zur Verbreitung der Hermetik im Italien der Renaissance. Lazzarelli übertrug das *Corpus Hermeticum* ins Lateinische und berücksichtigte auch einige Codices des *Hermeticum*, die Marsilio Ficino nicht übersetzt hatte. Als echter Renaissance-Mensch war Lazzarelli zugleich Humanist, Dichter, Philosoph, Alchemist, praktizierender Magier und Augur. Giovanni Mercurio Correggio wurde in Bologna wegen Häresieverdachts verhaftet und war gezwungen, aus der Stadt zu fliehen. Die Schriften der beiden

Hermetiker sind nicht ohne bleibendes Verdienst, wie von dem deutschen Gelehrten Heinrich Cornelius Agrippa bezeugt wird, der in seinen *Drei Büchern über die okkulte Philosophie* recht ausgiebig ganze Teile von Lazzarellis *Crater Hermetis* zitiert. Eben zu dieser Zeit erklärte Correggio sich in Rom zum „jungen Hermes", d. h. zum Sohn oder zur Reinkarnation des Hermes Trismegistos; daher rührt die Annahme des Namens „Mercurio".[25]

Im gesamten Italien der Renaissance wurden pompöse und ausgelassene Feste, Zeremonien und sonstige Veranstaltungen gefeiert. Finanziert von Adel und Klerus, bot die großangelegte Abhaltung von Karnevalsveranstaltungen und Prozessionen den italienischen Stadtbewohnern ein Forum für Straßentheater. Der Karneval wurde von Triumphumzügen begleitet, einschließlich kostümierten Menschen, Wappenzeichen, Hochzeitsfeiern und Bannern, auf denen heroische, dynastische, allegorische und kosmologische Motive abgebildet waren. Diese Art von Straßenumzügen hatte ihren Ursprung in den römischen Paraden der klassischen Zeit, in denen militärische, politische oder religiöse Triumphe gefeiert wurden. Solche Triumphumzüge blühten während des 14. und 15. Jahrhunderts in ganz Renaissance-Italien und lieferten wohl die Ursprungsidee für das Design der ältesten Tarot-Trionfikarten Visconti-Sforza. Diese Karten wurden von Künstlern gestaltet und stellten in Bildform olympische Motive, mythologische Figuren, lokale Fürsten und in den Prozessionen gefeierte Päpste dar.[26] Bei den Visconti-Sforza-Trionfikarten handelt es sich um die ältesten uns bekannten Tarotkarten überhaupt; sie stammen aus einer Zeit, in der die Tarots als *Trionfi* („Triumphe", d. h. Trümpfe) bezeichnet und zum alltäglichen Spiel verwendet wurden. Sie waren von Filippo Maria Visconti, dem Herzog von Mailand, sowie von dessen Nachfolger und Schwiegersohn Francesco Sforza in Auftrag gegeben worden.

---

25 Ludovico Lazzarelli, *Opere ermetiche*, Fabrizio Serra Editore.
26 Ursprung des Tarot in der italienischen Renaissance – Cherry Gilchrist, *Tarot Triumphs*, Weiser Books.

Die in der Gestaltung der Tarot-Symbolik und -Ikonographie maßgeblichen Kräfte entsprangen einer Imagination, welche die archetypischen Reservoirs des kollektiven Gedächtnisses der Italiener gleichsam anzapfte – Reservoirs, die im Zuge der (Triumph-)Umzüge wieder an die Oberfläche traten und ein Wiederaufleben atavistischer Ausdrucksformen bewirkten.

Giordano Bruno über das Siegel der Siegel

Unter der menschlichen Hülle lauern die Eigenschaften wilder Bestien. Ist es angemessen, dass ein menschlicher Körper blind und fälschlicherweise als Wohnung für die Seele eines Tieres dient? Was sind die Gesetze, die die Dinge beherrschen? ... Durch die hohe Macht der Hüter der Natur beschwöre ich euch, die ihr mit trügerischen Gesichtern die Verbreitung des Irrtums unterstützt habt, all diesen Bestien ihr menschliches Gesicht abzuziehen und die äußere Erscheinung entsprechend ihrer Natur zu gestalten, damit sie so erscheinen, wie sie wirklich sind (Giordano Bruno, *Cantus Circaeus*).

Giordano Bruno aus Nola (1548–1600) schrieb sehr ausführlich über philosophische, wissenschaftliche und metaphysische Themen. Sein Gesamtwerk umfasst Abhandlungen zur Kosmologie, Astronomie, Kabbala, Numerologie, Mnemonik und Magie. In der englischsprachigen Welt ist er vor allem bekannt als Märtyrer für die Freiheit des Denkens, der im Jahre 1600 wegen Häresie von der Inquisition auf dem Scheiterhaufen verbrannt wurde. Brunos philosophische Schriften erlangten im englischen Sprachraum in den 1960er-Jahren einige Berühmtheit, und zwar in Folge zweier akademischer, jedoch populär gewordener Bücher von Frances Yates: *Giordano Bruno and the Hermetic Tradition* sowie *The Art of Memory*. Brunos Schriften zur natürlichen Magie erörtern in detaillierter Form die vom hermetischen Operator bzw. Magier angewandten Techniken zur Ausübung von „Liebesmagie" (Ars Amatoria). Der Magier ist aufs Engste vertraut mit den universellen Gesetzen der Sympathie und Antipathie, den Ursachen und Wirkungen des Eingriffs in die solchen Gesetzen zugrundeliegenden Kräfte bzw. deren Erscheinungsformen. Insbesondere war der Renaissance-Magier ein Meister in der Anwendung praktischer Aspekte der Ars Amatoria, die zuerst von Ovid dargestellt wurde und in der Folge – von Dante und den Fedeli d'Amore bis hin zu Marsilio Ficino und Francesco Colonna – von einer ganzen Anzahl von Menschen praktiziert wurde. Zur Erzielung der gewünschten Resultate muss der Magier das Erschaffen und die wirksame Projektion von Phantasmen (*umbrae*, allgemeine Bilder) erlernen, um die Imagination des vorgesehenen Empfängers zu fesseln bzw. anzuketten (*viniculum*). Denn die Psyche wurde vom Renaissance-Magier nicht als physisches Organ, sondern als eine potenziell unbegrenzte Kraft vorgestellt.

> Magie ist eine universelle und organische Sprache, die in ihrer reinsten Form zum ausdrücklichen und produktiven Träger des Willens wird; durch Verwirklichung ihrer operativen Prozesse „kann der Mensch zum Mitwirker am großen Werk der Natur werden" (Giordano Bruno, *De Magia*).

Bruno erlernte die Gedächtniskunst bereits als zwölfjähriger Junge, namentlich durch Studium von Pietro da Ravennas Abhandlung *Der Phönix* (*La fenice*, 1491) über das künstliche Gedächtnis. Er erinnerte sich dieser Lektüreerfahrung als „einer Flamme, deren Funken im Laufe der Zeit entfacht worden sind und die öden Landschaften meines Geistes zu erleuchten vermochten". Später lehrte Bruno die Gedächtniskunst an den Höfen und Universitäten Europas, wobei er seine erstaunlichen Fähigkeiten des Erinnerns, der Kombinationslogik und Wortgewandtheit, die seine wachsende Berühmtheit als hervorragender Magier begründeten, häufig zur Schau stellte.

Brunos drittes Werk zur Gedächtniskunst, *Das Siegel der Siegel* (*Sigillus Sigillorum*), behandelt eine Reihe von Siegeln, welche die psychodynamischen Strukturen zur Anordnung und Gestaltung mentaler Bilder sowie zur Verarbeitung mentaler Repräsentationen und Propositionen, die in der Gedächtnisarbeit verwendet werden, darstellen. In besagtem Werk verbindet Bruno die retrospektive Kunst des Erinnerns mit der prospektiven Kunst der Logik, wie dies ursprünglich von dem mittelalterlichen katalanischen Weisen Ramon Llull entwickelt worden war. Dem Buch *Das Siegel der Siegel* beigefügt ist zumal eine Abhandlung über die Seelenkräfte aus neuplatonischer Perspektive.

Einen bestimmten Inhalt ins Gedächtnis zurückzurufen, so Bruno, hänge vom Vermögen ab, sich lebendige und emotional bewegende Bilder vorzustellen und diese dann innerhalb eines vertrauten Gebäudes zu verteilen. Dies entspricht der *Loci*- bzw. Gedächtnispalast-Methode, die erstmals in der klassischen Antike entwickelt wurde. Giordano Bruno vervollkommnete diese Kunst im späten 16. Jahrhundert und publizierte eine Reihe von Büchern dazu, zuvörderst *De umbris idearum* (*Vom Schatten der Ideen*).[27]

Nun vertiefte Bruno die Gedächtniskunst als Werkzeug nicht allein zur Stärkung des Gedächtnisses, sondern auch, um Intelligenz durch Vermittlung von in Siegeln (bildlichen Darstellungen) eingefasster Ideen zu projizieren, die in der Psyche verankert (*umbrae* = Schatten) und unbewusst als Träger des Willens nach außen projiziert werden. Die Gestaltung der Siegel bzw. verinnerlichten Zeichen besteht in geometrischen Darstellungen, universellen Bildern oder archetypischen Figuren, die auf ihre wesentlichen Faktoren reduziert und mit dem Zeichen inhärenten Eigenschaften oder Qualitäten versehen werden. Bruno verweist auf die magischen Eigenschaften mathematischer Verfahren:

Gemäß dem Hauptsystem der klassischen Gedächtniskunst, bekannt als *Loci*- bzw. Gedächtnispalast-Methode, muss man eine Reihe von Grundregeln befolgen. Um Dinge zu erinnern, ver-

---

27 Giordano Bruno, *Opere Lulliane*, Adelphi.

wandle sie in Bilder und verteile sie dann in geordneter Reihen-
folge an einer Anzahl von Orten um ein Gebäude oder eine andere Struktur herum. Zur Abrufung dieser Bilder musst du die einzelnen Schritte durch die Abfolge der Orte zurückverfolgen und
im Verlauf dessen ein jedes der Bilder betrachten und entschlüs-
seln. Die Orte sollten gut sichtbar sein, nicht zu weit voneinander
entfernt noch auch zu dicht beieinander liegen und sich klar voneinander unterscheiden. Die gesamte Struktur sollte deutlich er-
kennbar sein. Der Weg, den du einschlägst, sollte eindeutig sein,
damit du dich nicht verirrst und das Wiederfinden erleichtert
wird. Es gibt außerdem Ratschläge, wie man die Bilder als solche
möglichst einprägsam gestalten kann. Sie sollten visuell auffällig
und emotional ansprechend sein. (Sie können beängstigend, be-
eindruckend oder humorvoll sein.) Ferner sollten sie so klar wie
möglich visualisiert werden. Keinesfalls dürfen die Bilder mit
dem Hintergrund der Orte verschmelzen. Ist eine zu erinnernde
Sache nicht leicht zu visualisieren, dann kann man sich auch dafür entscheiden, Buchstaben oder Silben des Namens dieser Sache in eine Reihe vorgegebener Bilder zu übertragen.[28]

Die Kombinationslogik bedient sich Buchstaben und Graphiken
zur Darstellung von Grundbegriffen und führt damit den Gedächt-
niskünstler durch eine Reihe logischer Operationen. Dabei wurde
das kombinationslogische System im Westen erstmals von dem
katalanischen Philosophen und Mystiker Ramon Llull (1232-1315)
eingeführt. Bruno verbindet nun diese kombinatorische Kunst mit
der retrospektiv verfahrenden Gedächtniskunst, um ein umfassendes psycho-informatisches Modell zu konstruieren, das in der Lage
ist, jede beliebige Funktion zu erfüllen. Manche der Siegel ähneln
dem, was moderne Programmierer als Datensätze oder Algorith-
men bezeichnen, während sie zugleich funktionale Komponenten
eines sich entwickelnden Gedächtnispalastes darstellen. Der Baum

---

28 Giordano Bruno, *Opere magiche*, Adelphi.

besteht beispielsweise aus einem Haupt-„Stamm" mit sekundären „Ästen", die Nebenaspekte darstellen. Es gibt weitere Siegel, einschließlich eckiger Räder, die gleich hierarchischen Datenstrukturen fungieren. Die Siegel sind in vielfältigen Formen gestaltet und nach den jeweiligen Regeln der Geometrie, mythopoetischer Bilder, alphabetischer und numerischer Reihen, etc., angeordnet. Die Bilder stimmen nicht immer genau mit ihren Beschreibungen überein und manchmal werden sie auch als Ersatz für andere Bilder verwendet, wie etwa gewisse Mikrostrukturen an besonderen „Orten" innerhalb des Gedächtnispalastes, die mehrere „Bilder" in einer bestimmten Anordnung enthalten, oder Primärbilder, die komplexe Ideen enthalten.

Auch ähnelt die Kombinationslogik, die der Konstruktion von Siegeln[29] zugrunde liegt, gewissen in der Zahlentheorie vorhandenen Merkmalen, z. B. den besonderen Merkmalen, die abundanten Zahlen eignen.[30] Aus diesem Grund muss sich der Magier bei der Gestaltung eines Siegels der äußeren Bedeutung bewusst sein, damit es ihm bei der mnemotischen Erinnerung hilfreich ist. Noch wichtiger ist, dass er sich darauf versteht, die inneren Kräfte oder Qualitäten zu aktivieren, die das Zeichen in sich verbirgt, und durch diese hermetischen Eigenschaften schließlich den bindenden Faktor freizusetzen, um in sympathetischer Wechselwirkung die Empfängerpersonen zu beeinflussen. Psychologisch aufgeladene Siegel haben die Macht, das Unterbewusstsein empfänglicher Personen zu beeinflussen oder zu prägen. Die Siegel werden durch Visualisierungstechniken in der Psyche des Operators verinnerlicht und bewusst in mentalen Speicherorten platziert, welche die Struktur von vertrauten architektonischen, figurativen oder himmlischen Orten (*loci*) nachbilden. Diese Praxis stärkt die Fähigkeit des Ope-

---

29 Giordano Bruno, *Il sigillo dei sigilli. I diagrammi ermetici*, Mimesis.
30 Giordano Bruno, *Opere mnemotecniche*, Vol. 1 & 2, Adelphi. Abundante Zahlen – *rara avis* in der Zahlenreihe. Eine Zahl, deren Teilersumme größer ist als die Zahl selbst. Die Teilersumme der Zahl 12 beispielsweise ist 16 (d. i. die Summe aus 6, 4, 3, 2, 1).

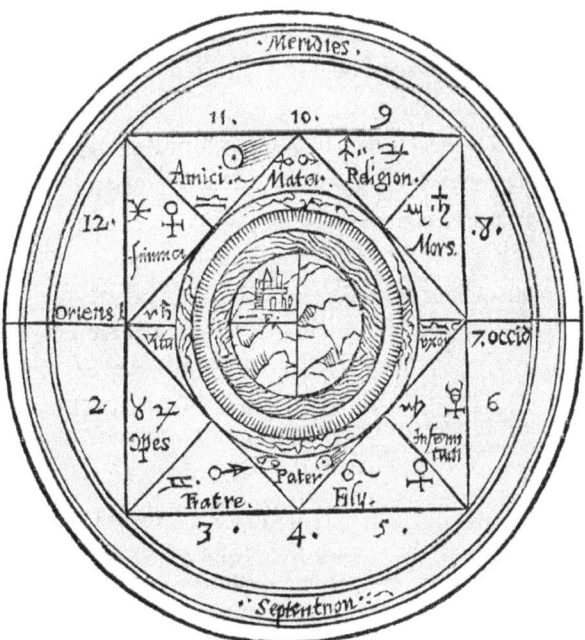

rators, willentlich Bilder abzurufen bzw. zu übermitteln und ist in der Kunst als Macht der Projektion bekannt. Wie gesagt, wird in den magischen Werken Brunos die Gedächtniskunst mit der kombinatorischen Kunst Llulls verknüpft, um das Bewusstsein bis zu dem Punkte zu verfeinern, an dem es als Vehikel der Erkenntnis – d. h. als Empfänger ekstatischer Inspirationen, Visionen und Träume – fungiert.

Der Traum – im mystischen Sinne als göttliche Sprache oder als Vehikel schöpferischer Inspiration vorgestellt – ist eine Tätigkeit der Seele „sine corpore". Wenn sie den „äußeren Sinnen" gegenüber verschlossen ist, befreit sich die Imagination des „inneren Menschen" in einer potenziell schöpferischen „Kontraktion" von den irdischen Banden.

Die Traumkunst als solche stand in der gesamten Renaissance in hohem Ansehen.

Der *Sigillus* ist eine theoretische Darlegung der für die Gedächtniskunst (Mnemonik) maßgeblichen Grundprinzipien. Der Text sollte zusammen betrachtet werden mit den beiden anderen im selben Band publizierten Texten, die eine Reihe symbolischer Bilder und Siegel enthalten, die sich als mnemonische Hilfsmittel sowie zugleich als graphische Darstellungen der Wirklichkeitsstrukturen eignen.[31]

Die besagten beiden Texte liefern in Form von Propositionen (dreißig in der Anzahl) tatsächlich eine Darlegung der mnemonischen Prinzipien und Techniken, die von – nach Angaben des Verfassers: „halb-mathematischen" – Illustrationen, Figuren und Diagrammen untermalt werden.

Kraft des großen Dämons (der Liebe) verbindet sich die Seele durch den Geist mit dem Körper, und die Seele verbindet sich

---

31   https://it.wikipedia.org/wiki/Sigillus_sigillorum

mit dem Geist als einer eigenständigeren und göttlichen Kraft; durch eine mehr oder weniger große Anzahl von Vermittlungsentitäten sind alle Wesen im Universum miteinander bzw. mit allen anderen wechselseitig verbunden (*Sigillus sigillorum*, II 5).

Es gibt keine Vorrangstellung der göttlichen Fähigkeiten über die des Körpers, wie Marsilio Ficino behauptet, auf den Bruno sich in diesem Zusammenhang bezieht.

Sein und Erkennen sind Aspekte des Einen: ein seiendes Wesen ist das, was es erkennt; die Unterschiede sind quantitativer, nicht qualitativer Art: Erkenntnis manifestiert sich in verschiedenen Weisen entsprechend der Natur des Subjekts. Abschließend schreibt der Philosoph, dass man, wenn man sich von der Welt der Sinne befreit und die Zwischenstufen des Erkenntnisprozesses durchlaufen hat, in der Welt des Intellekts angelangt ist und somit „jeden diskursiven Prozess" aufgibt, sodass man schließlich alles in einem „einzigen Akt" erfassen kann.

Die Einheit einer solchen Schau bewirkt die Enthüllung des Siegels der Siegel in seiner vierfachen Wirkung: Entdeckung, Disposition, Urteil und Erinnerung.

Das Siegel der Siegel

1. Dies flüsterte mir unter anderem jener göttliche Geist zu, der niedrige Seelen niemals beunruhigt: Du Beharrlicher und für das Wesentliche bis ins Innerste Begeisternder, beachte von Anfang an, daß du als jenes, von dem du äußerlich angespornt und innerlich angeregt wirst, zuerst und zunächst Gott verehrst, den Schöpfer preist, die Götter anrufst und deine Augen dem Licht zuwendest.

2. Sei sodann eingedenk, daß drei Dinge in jeder menschlichen Kunst nötig sind: Erstens soll jedes einzelne vor seiner Entstehung mit Weisheit erdacht werden, zweitens soll es ausgereift und entschlossen durchgeführt werden, drittens soll das Er-

dachte und Veröffentlichte bewahrt und männlich verteidigt werden.

3. Das Altertum überliefert zudem, daß alle Künste unter dem Schutz dreier Götter stehen: Pallas, Vulkan und Mars. Dies ist die dem schöpferischen Wirken geweihte Dreiheit der Götter, wobei Jupiter als höchster Baumeister immer gegenwärtig ist, so daß sich die ganze Dreiheit auf Jupiter bezieht, wie Vulkan und Mars sich auf Pallas.

4. Erinnere dich, daß Prometheus nicht das Wohlwollen der Götter fand, da ja offenbar den menschlichen Geist stumpfsinnig macht, wer die Schätze der Götter ausstreut, oder sogar das Hervorragendste gemein macht, wenn er Würdiges und Unwürdiges vermischt.

5. Du sollst folglich ein wenig von dem Geschmack jenes heilsamen Tranks aus Nektar bei dir haben, mit dessen Hilfe du dich nach der gründlichen Reinigung von den einschläfernden Säften des Lethestromes ohne Mühe auf den Weg machen wirst, um zuerst ein himmlisches Leben mit den himmlischen Göttern zu führen und dann den jenseits des Himmels gelegenen Umkreis mit den jenseits des Himmels Wohnenden zu durchwandern. Nicht als höher stehend sind deshalb die Stumpfsinnigen und Gemeinen zu betrachten, die mit der Menge den Karneades, Cineas und Metrodorus verwerfen.[32]

Cesare della Riviera & die magische Welt der Helden

Im frühen 17. Jahrhundert neigte sich die Renaissance ihrem Ende zu und das Erscheinen einer seltsamen Abhandlung über den Stein der Philosophen, betitelt mit *Die magische Welt der Helden* (*Il mondo magico de gli heroi*) und verfasst vom Savoyardischen Ba-

---

32 Giordano Bruno, *Le ombre delle idee – Il canto di Circe – Il sigillo dei sigilli*, trad. Nicoletta Tirinnazi, introd. Michele Ciliberto, BUR, Milano 2000; Frances Yates, *Giordano Bruno and the Hermetic Tradition*, Univ. of Chicago Press [dt. Übers. Erika Rojas: *Das Siegel der Siegel*, BoD, 1999, 1 f].

ron Cesare della Riviera – Marquis von Poncallieri und Ritter des Großkreuzes von Savoyen –, war ein hoffnungsvolles Zeichen für die Überlieferung der Hermetik von einer Epoche zur nächsten. Der Text erschien erstmals im Jahre 1603 in limitierter Auflage bei einem kleinen Verleger aus Mantua und war schnell ausverkauft. Eine zweite Auflage ging 1605 in Druck und wurde unter Kennern hermetischer Literatur positiv aufgenommen. Karl Emanuel I., dem Herzog von Savoyen gewidmet, stellt das Buch in äußerst kryptischer und rätselhafter Sprache einen Prozess der inneren Verwandlung dar, der in der Eroberung eines Zweiten Lebensbaumes kulminiert. Der kurzzeitige Ruhm des Buches geriet schnell in Vergessenheit; in der literarischen Welt wurde es kaum mehr erwähnt.

Erst durch die sorgfältigen Forschungen des italienischen Gelehrten Julius Evola wurde *Die magische Welt der Helden* wiederentdeckt und ein zweites Mal zum Leben erweckt. Im Jahre 1932 gab Evola das Buch neu heraus und übersetzte für das renommierte Verlagshaus Laterza (Bari) die verschlüsselte Sprache des Originals in eine moderne, allgemein zugängliche Sprache.

Der bedeutende französische Gelehrte René Guénon verfasste gleich darauf eine Rezension zu dem Buch, in welcher er Evola vorwirft, den Text modernisiert zu haben und gleichzeitig gewisse Vorbehalte hinsichtlich dessen Auffassung äußert, dass es sich bei der Schrift um eine so klare wie einfache Darlegung der mit dem Großen Werk sowie der Eroberung des „Lebensbaums" verknüpften Rätsel handele. Dies war weder das erste noch das letzte Mal, dass Guénon und Evola in der symbolischen Interpretation esoterischer Sachverhalte unterschiedlicher Ansicht waren. In diesem konkreten Falle müsste man sich bei den meisten Kritikpunkten auf die Seite des Franzosen schlagen.[33]

Insgesamt ist *Die magische Welt der Helden* eine rätselhafte, wenn nicht kryptische Abhandlung zur spirituellen Alchemie, in welcher der Weg zur Eroberung des Lebensbaumes bzw. zur Ver-

---

33 Cesare della Riviera, *Il Mondo Magico de gli Heroi*, Edizioni Mediterranee.

wandlung des Menschen in ein Gott-würdiges Wesen aufgezeigt wird. Della Riviera liefert enigmatische Hinweise auf Geheimtechniken der spirituellen Alchemie, die in gewissen aristokratischen Zirkeln der Renaissance im Umlauf waren. Dabei stellt er die Kontemplation als letzten Schritt des spirituellen Prozesses alchemistischer Läuterung und Destillation dar. Della Riviera zufolge ermöglichen die phänomenale Welt bzw. das Wahrnehmbare lediglich „metaphorische" Erkenntnis, eben in dem Maße, in dem sie sich in das breitere Spektrum der menschlichen Sprache übertragen lässt.

Wenn der erste Baum des Lebens eine vollkommene Übereinstimmung zwischen Dingen und Worten verkörpert, so steht der zweite für die Darstellung einer unverfälschten und natürlichen Weisheit. Della Riviera betont die Existenz eines zweiten Lebensbaumes als eines göttlichen Geschenks, das dem würdigen menschlichen Stammvater des irdischen Paradieses verliehen wurde. Wenn es diesen zweiten Baum wirklich gibt, als echtes Abbild des ersten Baumes, muss der Suchende dann hieraus nicht folgern, dass der zweite Baum ein mentales bzw. gedächtnismäßiges Konstrukt sei? Nur durch einen mystischen Akt kann der Geist das zweite Bild als eine Spur des ersten Baumes erfahren. Della Riviera bezieht sich auf gewisse, in der italienischen Renaissance verbreitete hermetische Praktiken, um eine Methode zu skizzieren, durch die der Initiierte – vermittels intensiver Konzentration auf das Selbst – die inneren Elemente schaut; hierdurch bewirkt er eine Selbstläuterung, „verbrennt" diese Elemente (Erinnerungen, Überzeugungen, Traumata), was ihm erlaubt, sich erneut zu einer reineren Schau des Göttlichen zu erheben. Wie Ficino gründet auch della Riviera seine Interpretation der alchemistischen Praxis auf eine direkte Anwendung der beiden Venus (göttliche und irdische). Dabei versteht sich della Rivieras Abhandlung als Resümee des Renaissance-Neuplatonismus, des hermetischen und alchemistischen Denkens sowie der christlichen Mystik.[34]

---

34 Cesare della Riviera, *Il Mondo Magico de gli Heroi*, Edizioni Arktos.

Della Riviera behauptet, dass der heroische Akt die Quintessenz der Initiation darstelle, wobei das kontemplativ gewonnene alchemistische Wissen den einzig wahren Prozess der „Auflösung" der Elemente und des Aufstiegs zu höheren ontologischen Seinszuständen bewirke. Diesbezüglich spricht er vom

> „höchsten und umfassendsten Faktor", der den in drei Bereiche – die intelligible Welt, die ätherische Welt und den Schmutz der elementaren Welt – unterteilten „Mechanismus des Universums" geschaffen hat, damit er vom Menschen durch einen Akt der Kontemplation verstanden werden kann und zur „Erhebung des Selbst" zum Schöpfer führt. Als grundlegenden Wegweiser für dieses initiatische Werk schenkten die Götter der Menschheit das „lignum vitae" (Holz des Lebens).

Dabei bezieht sich der Begriff „lignum vitae" auf einen Prozess aktiver Kontemplation, der den Akt der Visualisierung spiritueller Erfahrungen – wie in Ramon Llulls Gedächtniskunst – verstärkt.

Das Bild des Baumes fungiert als Katalysator, der den Aufstieg des Geistes durch die himmlischen Sphären hin zum Göttlichen – in einer Art „Engelwerdung" des (würdigen) Eingeweihten – initiiert: d. i. ein Geist, der die verschiedenen Stufen und Bereiche des Meditationsprozesses durchwandert, um die Engelssphären zu erreichen.

Sowohl der Originaltext als auch Evolas modernisierte Version[35] sind derzeit im Umlauf, doch bietet der Originaltext eine authentischere und anregendere Lektüre. Freilich ist *Die magische Welt der Helden* ein alles andere als leicht zu lesendes Buch; es ist vielmehr mit Rätseln und Gleichnissen überladen, die einer sibyllinischen Prophezeiung alle Ehre machten. Trotz dieser dicken hermeneutischen Hülle, die den Text umgibt, ist unbestreitbar, dass es sich um ein Meisterwerk handelt – vor allem aufgrund der evokativen Kraft, mit welcher hier (unter Aufgriff klassischer Mythen von Her-

---

35   Cesare della Riviera, *Il Mondo Magico de gli Heroi*, Edizioni Arktos.

kules, Leto, der Moly-Pflanze und Aethon) der Versuch unternommen wird, einen kabbalistischen Prozess der Metempsychose zu erklären, in dem der Held sowohl zum Einen als auch zu dessen Spiegelbild wird: zum Jäger und Wild des Göttlichen. Denn dies ist ein erstklassiges Beispiel für die Verschmelzung von Subjekt und Objekt, von Mikrokosmos und Makrokosmos und veranschaulicht den alchemistischen Prozess der Reintegration des Selbst und der Individualseele in die kosmische Seele.

Cesare della Riviera über Die Magische Welt der Helden

Nachdem der höchste und freieste *factor* von allen mit unendlicher Weisheit aus dem Nichts das Wunderbare geschaffen hat, bringt Er die große Maschine des Universums mit unumstößlichen Gesetzen hervor. Sie gliedert sich bewundernswerterweise in drei Teile: in die erste, ewige und göttliche, sogenannte überhimmlische, intelligible Welt der Engelsgeister und befreiten Geister; in die zweite, die von den Weisen als ätherische Welt bezeichnet wird und die unzähligen, lichthaft scheinenden Himmelskörper umfasst, die aus dem wundervollen Kunstwerk hervorleuchten; in die dritte und letzte der Welten, die aus dem unreinen Bodensatz der vorigen beiden besteht und elementare Welt genannt wird, Wohnstätte der mannigfaltigen Vielheit geschaffener Lebewesen. Und es blieb nichts weiter zu tun, als eine Kreatur zu erschaffen, die das immense *magisterium* und große Kunstwerk betrachten – und indem sie es betrachtet, erkennen und lieben; und indem sie es liebt, besitzen; und indem sie es besitzt, genießen – sollte, auf dass sie sich, brennend vor Liebe und göttlichem Feuer, zum Schöpfer aller Dinge wende und seinen heiligen Namen mit würdigem und unsterblichem Lob preise. Also wurde der Mensch erschaffen, dessen Muster und Idee nicht den überhimmlischen Formen, sondern allein (o unendliche Güte) Gottes eigenen Kräften entstammt; Er hat sich in ihm selbst als Bild und Gleichnis geschaffen. Dies war Seine letzte Handlung, gleichsam der Epilog des göttlichen Werkes, gesetzt in die Mitte des neuen und bewundernswerten Welttheaters: Und von väterlicher Liebe zu ihm bewegt, griff Er zu seinen unendlichen Schätzen, um ihn mit vielfältigen Gaben und Privilegien vor allen anderen Geschöpfen zu bereichern. Und damit der Mensch das göttliche Bild in sich selbst erkenne, wurde dafür gesorgt, dass alle anderen Dinge durch ihre eigene Natur begrenzt bzw. in ihren eigenen Grenzen eingeschlossen seien, die sie nicht überschreiten dürfen. Der Mensch war aber nicht durch eine bestimmte Natur gezwungen, sondern genoss das große Privileg und die hohe Gabe des freien Willens; hierdurch kann er sich zu seinem Schöpfer erheben und unsterblich werden.

* * *

Erfreue dich daran, zu leiden, wie du noch nie zuvor gelitten hast: Das Opfer: was trennt, verbindet, und was vernichtet, verleiht Stärke. Ein Gott ist geworden, was vormals ein Mensch war (Orpheus, Fragment 20).

Appendix

Der Dominikanermönch Tommaso Campanella (1568–1639) ist hauptsächlich dafür bekannt, mit seinem revolutionären Text *Der Sonnenstaat* ein neues Zeitalter der Erkenntnis und Aufklärung eingeläutet zu haben, ferner für seine wichtige Abhandlung zur angewandten Hermetik, *Über die Bedeutung der Dinge und Magie*. Sein Werk übte einen tiefgreifenden Einfluss auf die zu seiner Zeit aufkommende Rosenkreuzer-Bewegung aus.

Die Praxis Philosophischer Ekstase

[Tommaso Campanella zugeschrieben; entnommen aus Band 1 seiner Werke, hg. v. Alessandro D'Ancona, Turin 1854].

Suche dir einen Ort, an dem du nicht gestört werden wirst, weder vom Glanz der Dunkelheit noch vom Schimmer des Lichts, der in die – geöffneten oder geschlossenen – Augen dringt. Wähle einen Zeitpunkt, zu dem du ruhig und von Leidenschaften des Körpers und der Seele frei bist. Du sollst dich weder heiß noch kalt, noch irgendwie unwohl fühlen und dein Kopf soll frei sein von Anspannung, Schwermut oder Feuerrauch. Dein Bauch soll sich nicht mit Essen übersättigt anfühlen, sondern befreit sein von den Gelüsten zu essen, zu trinken, sich zu erleichtern oder anderer Wünsche. Sitze still, sodass der Kopf sanft auf den Händen oder auf noch bequemere Weise ruht ...[36]

---

36 Die Grundlage für eine erfolgreiche Meditationspraxis besteht darin, die geeigneten äußeren Bedingungen zu schaffen, indem man einen geeigneten Ort findet, an dem man sich wohlfühlt und frei von Ablenkungen ist. Innerlich sollte man bei klarem Verstand sein, selbstbeherrscht, in perfektem Gleichgewicht von Körper, Geist und Seele.

Befreie deinen Geist von Begierden und Gedanken, ob es sich um Mitleid, Trauer, Freude, Angst, Hoffnung oder um Gedanken über Liebe, Familie, persönliche Angelegenheiten oder andere Dinge handele. Erwecke weder Erinnerungen an die Vergangenheit noch gegenwärtige Gedanken. Nachdem du aber den Körper wie oben erwähnt akkommodiert hast, versetze dich in einen Zustand, in dem du frei von Gedanken bist, die versuchen, sich deines Geistes zu bemächtigen; wenn sie doch auftauchen, befreie dich sofort von ihnen, und wenn andere kommen, lasse sie sofort los, bis sie dich nicht mehr stören und bis du schließlich einen Zustand erreicht hast, in dem du überhaupt keinen Gedanken mehr verhaftet bist.[37]

In einem Zustand völliger innerer und äußerer Loslösung verharrst du bewegungslos gleich einer Pflanze oder einem Stein, wobei die – vegetative bzw. animalische – Seele nicht tätig ist. Versenke dich in dich selbst, durch mentale Mittel, gereinigt von allen Sinnesobjekten und von gedankengebundener, diskursiver Sprache, bewegungslos wie zuvor, ohne Rücksicht auf die Folgen: So wirst du zu einem Engel werden und intuitiv das Wesen der Dinge in ihrer einfachen Natur erblicken, ja die reine Wahrheit schauen – direkt, unaufdringlich und offen für die Aufnahme von Antworten.[38]

---

37 Der Prozess, durch den die hermetische Hülle des Praktizierenden versiegelt wird, indem die inneren Energien zur Ruhe gebracht werden und eine Zusammenführung der vitalen und spirituellen Energien ermöglicht wird. Der Zustand des Friedens muss auf das eigene Selbst ausgedehnt werden: körperlich, emotional und geistig.

38 Der Autor bezieht sich auf einen meditativen Zustand, der in östlichen Praktiken – wie den *Yoga Sutras* – als *Dharana* bekannt ist, d. h. als zielgerichtete Achtsamkeit (Konzentration), bei der es darum geht, den Geist von mentalen Inhalten zu befreien, sodass diskursive und herumschweifende Gedanken ausgelöscht werden. In der Konzentration der Achtsamkeit auf einen einzigen Punkt (*Drshti*) und der Ausübung von *Pranayama*-Techniken zur Verlangsamung und Regulierung des Atems wird der Praktizierende die Herrschaft über den stetigen Fluss chaotischer Gedanken erlangen.

Wenn du in dieser Praxis voranschreitest, musst du dir darüber im Klaren sein, was du in Erfahrung bringen oder ergründen willst, und du musst die Frage stellen, wenn die Seele wirklich gereinigt ist. Dann wird ein inneres Licht erscheinen,[39] durch das die Wahrheit enthüllt wird; es ist mit einem so süßen und beglückenden Gefühl verbunden, dass es keine Freuden in dieser Welt gibt, die damit verglichen werden könnten; nicht einmal der Genuss des am meisten Geliebten und Begehrten, denn auch er bleibt, verglichen damit, unzulänglich.[40]

Nach einer solchen Erfahrung kehrt die Seele in den Körper zurück, um sich an den gemeinen Sinnestätigkeiten zu erfreuen; doch würde sie sehr verwirrt sein und überhaupt nie mehr zurückkehren wollen, wenn sie daran zweifelte, dass nach dem langen Verweilen in einer solchen Ekstase nicht künftige Offenbarungen von noch größerem Ausmaß enthüllt würden. So werden die in dir wohnenden subtilen Geister erwachen, sich bis zum Kopf erheben und sehr angenehme Empfindungen auslösen, wo sich die Werkzeuge des Geistes befinden: Nach und nach werden sie verschwinden; denn würden sie allesamt auf einmal erlöschen, so hätte dies den sicheren Tod zur Folge.[41]

---

39   *Dhyana* oder Tiefenmeditation ist der Prozess, bei dem sich das Bewusstsein verfeinert und einen Zwischenzustand der Unruhe durchläuft, um in einen tieferen Zustand der Stille einzutreten, der vom Auftauchen innerer Visionen begleitet ist, die auf ein Simulakrum projiziert werden.

40   Die Verwandlung in einen Engel bezeichnet den Prozess, in dem sich das Bewusstsein verfeinert und eine Syzygie oder Verschmelzung stattfindet und bei der ein spiritueller Kern aus bewusster Energie zu einer selbständigen spirituellen Einheit gerinnt, die der Auflösung widerstehen kann.

41   *Amrita* (Ambrosia) ist eine besondere Süße, die vom Praktizierenden als Vorstufe zur Ekstase erfahren wird. Sie ist vergleichbar mit dem yogischen *asana* des *Kechari Mudra* – wie im *Gheranda Samhita* und *Hatha Yoga Pradeepika* sowie anderen yogischen und tantrischen Texten erwähnt –, bei dem der Praktizierende seinen Geist zur Ruhe bringt und Bewusstseinsenergie durch subtile Kanäle bis zum Scheitel hinaufleitet. Durch Konzentration auf das Scheitelzentrum (*bindu*), wird die Energie verstärkt gleich einem kochbereiten Wasserbehälter. An der entsprechenden Stelle schiebt der Praktizierende seine Zunge in den Rachenraum zurück, bis die Zun-

Und doch sind diejenigen, die einen ruhigen und unerschütterlichen Geist haben, für diese Ekstase besser geeignet und die Geister werden sich freier aus den Öffnungen erheben.[42] Jene, deren Kopf von Gedanken erfüllt ist, werden die subtilen Geister und Lebensenergien blockieren, wodurch die Übung sinnlos wird. Dies, so glaube ich, ist die wahre Natur der platonischen Ekstase, von der Porphyrios berichtet, dass Plotin sie sieben Mal zuteil geworden sei, ihm selber aber nur ein einziges Mal. Denn es ist selten, dass viele solcher Erfahrungen in einem Menschen verwirklicht werden können: Es kann vielleicht drei- oder viermal in zwei oder drei Jahren geschehen. Und diese Offenbarungen müssen sogleich und möglichst detailliert niedergeschrieben werden; denn andernfalls gehen sie verloren und wenn du auf sie zurückkommst, werden sie nicht mehr verstanden.[43]

---

genspitze am hinteren Gaumen einen Energiefluss auslöst, der ein süßes Empfinden freisetzt, das als Amrita oder Nektar der Götter bekannt ist.

42 Dies spielt auf die endgültige Loslösung der Seele vom physischen Leib an.

43 Der Praktizierende soll darauf vorbereitet sein, seine Erfahrung nach seiner Rückkehr aus der Ekstase rasch aufzuzeichnen. Tut er dies nicht, so läuft er Gefahr, wertvoller Erkenntnisse aus den flüchtigen Botschaften, die sich dem Gedächtnis entziehen und im Lethestrom versinken können, verlustig zu gehen.

TEIL 3

Initiatische Gruppierungen nach der Renaissance

Wer herausfände, warum die Metamorphose im Denken des 16. Jahrhunderts so wichtig war, würde eine wichtige Entdeckung über die Renaissance machen (Kathleen Williams, *The Gods Made Flesh*).

n Teil 1 und 2 dieser Studie wurde die Rolle einer genuin Italischen Initiationsform innerhalb der esoterischen Tradition des Abendlandes – von der Antike über die Gründung Roms bis hin zur Renaissance – skizziert. Wie gezeigt wurde, ist die Italische Spiritualität von olympischen und klassischen Traditionen durchdrungen und artikuliert sich innerhalb eines mythopoetischen Rahmens. Dies umfasst die Darstellung von Metamorphosen: vom Menschlichen zum Heroischen[1] (*Vir*), vom Heroischen zum Göttlichen[2] (*Divo*[3]) oder auch umgekehrt, vom Menschlichen zum Tierischen (Barbarischen). Die mythologische Erzählung wird vom Eingeweihten bevorzugt, insofern sie die Imagination anzuregen vermag. Denn die Imagination ist – aufgrund ihrer Formbarkeit, welche die emotionalen und psychischen Strukturen zu besserer Metamorpho-

---

1   Vico, *Vom heroischen Geist*: „Wie du siehst, frage ich dich nach Dingen, die das Menschliche bei weitem übersteigen: nach der quasi-göttlichen Natur deines Geistes – diese zu enthüllen, fordere ich dich auf. Als ‚Held' wird von den Philosophen eine Person bezeichnet, die stets das Erhabene sucht. Die Erhabenheit besteht diesen Philosophen zufolge in der äußersten Größe und dem höchsten Wert."

2   Göttliches – Hier im weiteren Sinne verstanden als transzendente menschliche Verfassung, die einen Grad spiritueller Vollkommenheit erlangt hat, der durch Reintegration des Selbst charakterisiert ist. Beispiele für Eingeweihte, die diese Seinsstufe errungen haben: Orpheus, Pythagoras, Apollonios von Tyrus, Graf St. Germain, Federico Gualdi, Cagliostro, und in jüngerer Vergangenheit Ramana Maharshi.

3   Divo, *Pythagoreische Goldverse* – „Und wenn du schließlich deinen sterblichen Leib abgelegt hast, wirst du zum reinsten Äther gelangen. Du wirst ein Gott sein, unsterblich, unzerstörbar, und der Tod wird keine Macht mehr über dich haben."

se befähigt als die somatischen oder hylischen Seinsebenen, die von den Gesetzen der Stasis und Schwere niedergehalten werden – das bevorzugte Feld, auf dem die Selbstverwandlung kultiviert wird. Indem er sich die Imagination (*in-mag-in-atio*) zunutze macht, vermag der Eingeweihte aus den Fesseln der äußeren Sinnesorgane Energien zu gewinnen und sein Bewusstsein nach Innen zurückzulenken, um den Geist von den immer wiederkehrenden mentalen Bildern zu reinigen und auf die Leere zu fixieren. Indessen stammen die lebendigsten Zeugnisse des Göttlichen, in denen es gleichsam in die irdische Sphäre übersetzt wird, aus der geübten Hand von Künstlern. Gerade in der Ausübung der Bacchischen oder Dionysischen Künste durchbrechen die Künstler die gewöhnliche Alltäglichkeit und/oder treten in enstatische Zustände ein – zur Kultivierung eines spirituellen Lichts und der Erlangung selig machender Visionen, die dann in schöpferische Werke umgesetzt werden. Eben dies spiegelt Giambattista Vicos[4] allgemein gültiges Prinzip wider: „*Verum-factum* (das Wahre ist das Geschaffene)".

In der italienischen Renaissance ist eine Vielzahl von Kunstwerken entstanden, die das Siegel des Göttlichen – als seligmachende Schau eines überirdischen Lichts – tragen. Ein solches Beispiel ist Dantes *Göttliche Komödie*, in der eine initiatische Erfahrung artikuliert wird: der unterirdische Abstieg in die Hölle (*Inferno*), die Reinigung auf dem Läuterungsberg (*Purgatorio*), die schließlich in einem Wiederaufstieg zur transzendenten Sphäre des Paradieses (*Paradiso*) kulminiert. Der Unzulänglichkeit der Sprache, derlei Erlebnisse auszudrücken, Rechnung tragend, schuf der göttliche Dichter Neologismen wie „incielare" (den Himmel verinnerlichen) oder „*imparadisare*" (das Paradies verinnerlichen). Hierdurch soll die transzendente Erfahrung in eine gewöhnliche Sprache übersetzt werden. Gleichwohl war die Darstellung von Metamorphosen vermittels mythopoetischer Formen keineswegs nur Sache der Literatur. Vielmehr wurden gestaltverändernde Darstellungen des Gött-

---

4   Giambattista Vico, *La Scienza Nuova*, Fabbri.

Cheiron der Zentaur

lichen auch im Medium anderer Künste wie der Malerei, Skulptur und Architektur hervorgebracht. Als bleibende Beispiele wären hier Botticellis Gemälde *Die Geburt der Venus* und *Primavera*, Palladios Architektur (Olympische Tempel, Nymphenheiligtümer, Villen) oder auch Tizians Gemälde *Der Tod des Aktaion*, das den Abstieg eines Menschen in den tierischen Zustand darstellt, anzuführen. Die Erfahrung bestätigt, dass die Alten zur Darstellung von Wahrheiten über die menschliche Natur eher befähigt waren als unsere Zeitgenossen. Anstatt die *conditio humana* schlicht auf bestimmte einzelne oder binäre Darstellungen zu reduzieren, verfügten sie über ein größeres Spektrum, die Mannigfaltigkeit von Orientierungen auszudrücken: Es reichte von halbgöttlichen Heroen wie Äneas und Romulus bis hin zu viehisch verderbten Beispielen des Menschengeschlechts wie Nero und Caligula. Übrigens wird nicht überraschen, dass auch aus mensch-tierischen Bestandteilen zusammengesetzte Zwischenwesen wie Satyre und Kentauren entworfen wurden, berüchtigt dafür, wilde und gewaltsame Trinker und Zecher, unkultivierte und liederliche Gestalten zu sein. Freilich gab es Ausnahmen wie den Kentauren Cheiron, der – intelligent, zivilisiert und von liebenswürdigem Charakter – mit der Erziehung von Achill und Herakles betraut war. Cheiron wurde aufgrund seines heroischen Numen (Stamm, Ahnen) nicht wie die anderen Kentauren dargestellt. Verglichen mit den einfachen Sterblichen wurde er auf der ontologischen Skala in vieler Hinsicht als höherstehend erachtet, denn er verfügte in seiner mensch-tierischen Synthese über eine vollkommenere *noesis/physis*. Cheiron hatte das Haupt und Herz eines Menschen, den Körper eines Tieres.

Durch das formgebende Prisma der Imagination bzw. der *forma mentis* vermochten die Künstler, Dichter und Eingeweihten der klassischen Welt und der Renaissance die herrlichsten Darstellungen der westlichen Zivilisation – gleichsam deren fleischgewordene Götter – zu erschaffen.[5]

---

5   Ian Brookers, *The Death of Chiron: Ovid*, Fasti 5.379–414, Cesare Lucarini.

Die Porta Magica in Rom

Indem wir nun den in Teil eins eingeschlagenen Weg weiterverfolgen, werden in den kommenden Kapiteln die Haupttypen bzw. -formen der initiatischen Traditionen Italiens vom *seicento* (17. Jahrhundert) bis zur Schwelle des 20. Jahrhunderts untersucht. Die einzelnen Abschnitte verdeutlichen den Beitrag, den ausgewählte Individuen und Gruppen zu den esoterischen Traditionen des Abendlandes geleistet haben.

Die Porta Magica Roms

D ie ungebrochene Kette, welche die olympische Spiritualität
der italienischen Renaissance mit der Neuzeit verbindet,
geht auf einen kleinen, aber einflussreichen Kreis von Hermetikern zurück, der im späten *seicento* (Barock) tätig und mit
der Magischen Pforte (Porta Magica) in Rom verbunden war. Die
Magische Pforte, auch als Hermetische oder Alchemistische Pforte
bekannt, wurde 1680 erbaut und diente als Tor zu einer Villa, in
der sich ein alchemistisches Laboratorium befand, das einem der
ältesten Sprösslinge Roms, dem Marquis Massimiliano Palombara,
gehörte. Besagte Pforte ist eines der wenigen öffentlichen Denk-
mäler in Europa, die der Kunst des Steins der Weisen gewidmet
sind. Sie ist eines von fünf Toren, die in der Villa des Marquis auf
dem Esquilin-Hügel errichtet wurden, und dabei das einzige Tor,
das noch intakt ist. Sie ist mit einer eigentümlichen Reihe von Siegeln alchemistischer und astrologischer Herkunft geschmückt, die
– mit lateinischen und hebräischen Inschriften verbunden – in ver-
schlüsselter Weise den Weg zur Erlangung des Steins der Weisen
beschreiben und dem Eingeweihten den Zugang zum Göttlichen
ermöglichen.[6]

Über dem Tor befinden sich auf einer runden Platte zwei sich
überschneidende Dreiecke, die dem Siegel Salomons ähneln, mit lateinischen Inschriften: „CENTRUM IN TRIGONO CENTRI" (Im Zentrum
des Mittelpunkts des Dreiecks) und „TRIA SUNT MIRABILIA DEUS ET
HOMO MATER ET VIRGO TRINUS ET UNUS" (Es gibt drei Wunder: Gott
und Mensch, Mutter und Jungfrau, die Drei und die Eins).

Um den Türrahmen herum sind nacheinander sieben Symbole angeordnet, die die sieben sichtbaren Planeten und ihre entspre-

---

6   Nicola Cardano, *La porta magica. Luoghi e memorie nel giardino di piazza
     Vittorio*, Palombi; Cesare Lucarini, *La porta magica di Roma. Le epigrafi
     svelate*, Nuova Cultura; Mino Gabriele, *La Porta Magica di Roma. Simbolo
     dell'alchimia occidentale*, Olschki editore.

chenden Metalle darstellen und jeweils mit Inschriften versehen sind.

Auf der Türschwelle befindet sich eine Inschrift, die von links und rechts gleichermaßen gelesen werden kann: „SI SEDES NON IS", was einerseits „Wenn du sitzt, wirst du dich nicht bewegen", andererseits „Wenn du nicht sitzt, wirst du dich bewegen" bedeutet. Zwei gelehrte Autoren aus dem vergangenen Jahrhundert, Eugene Canseliet (1899–1982) und Pietro Bornia (1861–1934), behaupten, die Zeichen und Inschriften seien direkt von Michael Maiers Buch *Atalanta Fugiens* (1617) beeinflusst. Die sieben Siegel entlang des Rahmens entsprechen auch den Illustrationen, die im *Commentario de Pharmaco Catholico* von Johannes de Monte-Snyder zu finden und außerdem in einem damals populären Buch über Alchemie, der *Chymica Vannus* (Amsterdam, 1666), enthalten sind.

Die Porta Magica wurde im vergangenen Jahrhundert von Gelehrten und Schriftstellern nur wenig beachtet. Eine der ersten Erwähnungen stammt von dem italienischen Esoteriker Giuliano Kremmerz (1861–1930), der auf die Bedeutung des Denkmals hinwies und in seinem Buch *La Porta Ermetica* feststellte, dass Hermetiker gut daran täten, die Zeichen getrennt von den Inschriften zu interpretieren. Mit anderen Worten: Kremmerz weist darauf hin, dass die Zeichen auf kabbalistische Praktiken verweisen, die dazu dienen, mit höheren Wirklichkeitsebenen in Kontakt zu treten, während die Inschriften auf alchemistische Verfahren verweisen, die mit inneren Verwandlungen verbunden sind. Eine weitere Untersuchung zur Entschlüsselung der Rätsel der Magischen Pforte durch Hermetiker, die der Kremmerzschen Bruderschaft Myriam angehören, besagt, dass die Magische Pforte auf eine geheime Einweihungspraxis verweise, die als „Feuermagie" bekannt ist und magische Operationen zwischen zwei Operatoren impliziert.

In dem Text *Wahnsinn als Auftakt zur Feuermagie* gibt Kremmerz folgende Hinweise auf die magische Pforte: „ein Höllentor oder dantisches Zaubertor, das, teils verfallen, in den Ruinen eines öffentlichen Gartens an der Piazza Vittorio Emanuele in Rom zu se-

רוח אלהים

HORTI MAGICI INGRESSVM HESPERIVS CVSTODIT DRACO ET
SINE ALCIDE COLCHICAS DELICIAS NON GVSTASSET IASON

QVANDO IN TVA DOMO
NIGRI CORVI
PARTVRIENT ALBAS
COLVMBAS
TVNC VOCABERIS
SAPIENS

DIAMETER SPHAERAE
THAV CIRCVLI
CRVX ORBIS
NON ORBIS PROSVNT

QVI SCIT
COMBVRERE
AQVA
ET LAVARE IGNE
FACIT DE TERRA
CAELVM
ET DE CAELO
TERRAM
PRETIOSAM

SI FECERIS VOLARE
TERRAM SVPER
CAPVT TVVM
EIVS PENNIS
AQVAS TORRENTVM
CONVERTES IN
PETRAM

AZOT ET IGNIS
DE ALBANDO LATONAM
VENIET
SINE VESTE DIANA

FILIVS NOSTER
MORTVVS VIVIT
REX AB IGNE REDIT
ET CONIVGIO
GAVDET OCCVLTO

SI NON SEDES IS

EST OPVS OCVLTVM VERI
VT GERMINET

SOPHI APERIRE TERRAM
SALVTEM PRO POPVLO

hen ist und die Überreste eines kleinen Tors enthält, welches mit kabbalistischen Zeichen verziert ist, die darauf hinweisen, wie man durch das Tor der Liebe in den ‚Optikerladen' einzutreten vermag, wo die menschliche Wahrnehmung beginnen kann, sich zu vervollkommnen." Ferner heißt es:

> Dieses verfallene Tor, das in den Gärten der Piazza Vittorio Emanuele in Rom wieder errichtet wurde, trägt die kabbalistischen Zeichen der äonischen Magie, die erforderlich sind, um das dem Profanen verschlossene Tor zu öffnen, außerdem ein Tor mit „Inschriften", die man nicht mit den „Zeichen" verwechseln darf, denn erstere gehören zur äonischen Magie und letztere zur großen transmutatorischen oder alchemistischen Magie.[7]

Er erklärt weiter, dass die Zeichen die sieben astrologischen Planeten oder die sieben Attribute des fluiden Körpers in jedem menschlichen Wesen darstellen. Von diesen Zeichen ist nur ein einziges – das Venuszeichen – mit den traditionellen Zeichen identisch. Die anderen sechs unterscheiden sich mehr oder weniger von der traditionellen astrologischen Ikonographie.[8]

Mars ist nicht so ♂, sondern wie folgt dargestellt: ♂
Merkur ist nicht so ☿, sondern wie folgt dargestellt: ☿
Saturn ist nicht so ♄, sondern wie folgt dargestellt: ♄
Jupiter ist nicht so ♃, sondern wie folgt dargestellt: ♃
Apollon ist nicht so ☉, sondern wie folgt dargestellt: ☉
Luna ist nicht so ☽, sondern wie folgt dargestellt: ☿

Unterschiede zwischen den alchemistischen Symbolen

Warum verhält sich dies so? Die Antwort liegt auf der Hand: Die sieben Zeichen symbolisieren nicht nur die sieben Planeten im flu-

---

7   Giuliano Kremmerz, *La Porta Ermetica*, Edizioni Mediterranee.
8   Giuliano Kremmerz, *La Porta Ermetica*, Edizioni Mediterranee.

iden Körper eines Individuums, sondern auch die sieben Planeten im fluiden Körper eines jeden der beiden Operatoren (männlich und weiblich), die äonische Feuermagie (Pyromagie) praktizieren.

Im fluiden Körper dieser beiden Operatoren erfüllt die Venus ihre spezifische Rolle und verändert sich nicht. Aber die von Venus erweckten Kräfte, die sich durch die Praxis der Enthaltsamkeit (physische und psychische Enthaltsamkeit von sexuellen Aktivitäten) nach der Anwendung äonischer Feuermagie angesammelt haben, modifizieren die anderen Planeten in entsprechender Weise, sowohl im fluiden Körper des Mannes als auch in dem der Frau. Diese Veränderung erfolgt durch den wechselseitigen Einfluss der jeweiligen, von Venus erregten, fluiden Körper. Dies ist das „äonische Tor", das es zu durchschreiten gilt, um bei Gelingen die „große magische Pforte der Verwandlung" zu erreichen. Der durch äonische Feuermagie hervorgerufene Zustand kann verschiedene Phänomene wie Telepathie, Wahrsagerei usw. mit sich bringen. Wenn man jedoch bei derartigen Phänomenen verweilt und sich zu intensiv mit ihnen beschäftigt, so hat dies wenig unmittelbaren Nutzen und kann zu negativen Ergebnissen führen. In der Tat neigt der durch äonische Feuermagie hervorgerufene Zustand unweigerlich dazu, im Laufe der Zeit zu schwanken. Wenn die Praktizierenden durch das eingehende Studium ausgewählter Texte die Erforschung der alchemistischen Arkana (Geheimnisse) mit Bedacht betreiben, können sie deren Geheimnisse erahnen bzw. entdecken, obgleich diese von Natur aus rätselhaft sind. Wenn diese Arkana jedoch nicht mit Vorsicht verfolgt oder gar unüberlegt gehandhabt werden, wird die Praxis fruchtlos bleiben.[9] Die Inschriften sind auf jenem Tor eingemeißelt, das „infernalisch" bzw. „niedrig" genannt wird. Sie müssen daher von unten nach oben und im Uhrzeigersinn gelesen werden. Wir werden sie in einer freien Übersetzung wie folgt betrachten:

---

9   Giuliano Kremmerz, *La Porta Ermetica*, Edizioni Mediterranee.

1. *Est opus occultum veri sophi aperire terram ut germinet salutem pro populo* (Das ist das okkulte Werk der wahren Weisheit: die Erde zu öffnen, damit sie das Heil für die Menschen bringe). Die Erde ist „das, was unten ist". Erstes Geheimnis: Erkenne ihre Bedeutung. Erinnere dich daran, dass sie nichts Göttliches hervorbringt, wenn sie nicht in Verbindung steht mit „dem, was oben ist" bzw. nicht als dessen Anker, Träger, Vehikel, Aufbewahrungsort und Matrix verwendet wird.

2. *Azot et ignis de albando latonam veniet sine veste Diana* (Nachdem Azoth und Feuer Latona gereinigt haben, wird Diana unbekleidet erscheinen). Dies ist das zweite alchemistische Geheimnis, das zunächst theoretisch erfasst und dann in seiner praktischen Anwendung ergründet wird. Wie kann man den Rohstoff (Latona) reinigen (weiß machen)? Welche Eigenschaften werden während des Vorgangs gesteigert, um die gewünschten Ergebnisse zu erzielen? Im Zustand der Weißmachung? Es ist nötig, den alchemistischen Tierkreis zu studieren, in dem die Instrumente und Operationen zur Reinigung des Rohmaterials und dessen Eigenschaften für die praktische Anwendung beschrieben sind.

3. *Qui scit comburere aqua et lavare igne facit de terra caelum et de caelo terram pretiosam* (Wer mit Wasser zu brennen und mit Feuer zu waschen versteht, macht aus Erde Himmel und aus Himmel kostbare Erde). Auch das dritte Geheimnis muss theoretisch erfasst werden, bevor man sich zu sehr in die Praxis vertieft. Was ist die Beziehung zwischen dem, was in der zweiten Inschrift als göttliche Wesenheit (Diana) bezeichnet, und dem, was hier als Wasser bezeichnet wird? Sie sind ein und dasselbe! Was ist das „Feuer", das dieses Wasser entfachen soll? Das Feuer, das von diesem Wasser entzündet wird, hat die Eigenschaft, „zu waschen" ... und dieses Wasser: muss Diana baden. Hier stoßen wir auf ein weiteres Rätsel, nämlich das Geheimnis der Verwandlung von Silber in Gold. Dasselbe Wasser (Diana) und dasselbe Feuer entsprechen den „zwei Flüssigkeiten der Erde", auf die sich

Kremmerz in der zitierten Passage bezieht, wenn er erklärt, dass
das Geheimnis der Geheimnisse darin besteht, „das ungesäuerte Brot mit zwei Flüssigkeiten der Erde in ein göttliches Wesen
zu verwandeln" (das ungesäuerte Brot, was kann das sein – bezieht es sich auf einen irdischen Seinszustand, wie wenn Wasser
und Feuer verschmelzen und als Hefe wirken, um das Selbst in
ein Numen zu verwandeln?).

4. *Quando in tua domo nigri corvi parturient albas columbas tunc
vocaberis sapiens* (Wenn in deinem Haus schwarze Krähen weiße Tauben gebären, dann wirst du weise genannt werden). Vier-
tes theoretisches Geheimnis. Das „Haus", von dem hier die Rede ist, ist sicherlich das Haus des Praktizierenden, das man allgemein kennen und beherrschen muss. Aber genau genommen
ist es das Haus, in dem sich Dianas Bad befindet, also das Feuer,
das Diana entzündet (bewusst erweckt) und sie badet (reinigt).
Es ist offensichtlich, dass Diana in dieses Haus (bewusstes Numen) als Taube (Reinheit) einziehen muss; was voraussetzt, dass
die „magische Pforte" gefunden wurde (Einweihung, Übergang
zum subtilen Bewusstseinszustand, Astralebenen, Traumland-
schaften, Imagination, Eingebungen) – das Mittel, durch welches man das Haus betritt (durch Feuermagie).

Auf dem höchsten Teil der Säule befindet sich eine hebräische Inschrift – RUAH ELOHIM, „Göttlicher Geist"; unmittelbar darunter
befindet sich ein mythologischer Hinweis auf Jason: HORTI MAGICI
INGRESSVM HESPERIVS CVSTODIT DRACO ET SINE ALCIDE COLCHICAS
DELICIAS NOT GVSTASSET IASON („Ein Drache bewacht den Eingang
zum magischen Garten der Hesperiden und ohne Herkules hätte
Jason die Freuden von Kolchis nicht gekostet"). Die Alchemisten
identifizierten das Goldene Vlies, das Jason im antiken Argonau-
ten-Mythos suchte, mit dem Stein der Weisen, dem Hauptziel ihrer
Bemühungen.

In der hermetischen Überlieferung wird der Drache mit der
Schlange assoziiert, die ihren eigenen Schwanz verschlingt; eines

von vielen Symbolen, die das Große Werk darstellen. Herkules (Herakles) ist der Held der zwölf Arbeiten und symbolisiert die Urkräfte (assoziiert mit dem hermetischen Willen). Jason ist der Held, der das Goldene Vlies erbeutet hat.

5. *Diameter spherae thau circuli crux orbis non orbis prosunt* (Der Durchmesser der Kugel, das Tau im Kreis und das Kreuz des Orbis (Globus), bereitet den Orbs (Blinden) keine Freude). Diese Inschrift spielt auf eine praktische Verwirklichung an. Und da die Orbs (Masse der gewöhnlichen Menschen) gescholten werden, ist es notwendig, sie zu erziehen. Das Tau ist ein Buchstabe des griechischen Alphabets, der durch den Großbuchstaben T dargestellt wird. Das Kreuz des Orbis ist ein sehr schwer zu lösendes Rätsel, aber wenn man das Arkanum entschlüsselt hat, wird es einem offensichtlich erscheinen.

6. *Si feceris volare terram super caput tuum eius pennis aquas torrentum convertes in petram* (Wenn du die Erde über deinen Kopf fliegen lässt, kannst du mit ihren Flügeln die reißenden Wasser in Stein verwandeln). Jede Aufgabe hat einen Anfang und ein Ende. Indem man das Feste (Irdische, Materielle, Phänomenale) verflüchtigt und über den Kopf hinaus verlagert (mit Prinzipien vereint), kann es sich automatisch fortbewegen (Selbstprojektionen) und sich in die Ströme (metaphysische Kanäle) ergießen, in die es eingeführt wird oder aus denen es hervorgeht. Im Großen Werk dringt die Flüchtigkeit des Erdelements in reißende Ströme ein (die in anderen Texten mit dem Nil verglichen werden) und stellt die Wasserelemente dar, die mit den ätherischeren Elementen den Stein der Weisen erzeugen.

7. *Filius noster mortuus vivit rex ab igne redit et coniugio gaudet occulto* (Unser Sohn, der gestorben ist, kehrt als König aus dem Feuer zurück und erfreut sich an der okkulten Verbindung). Die flüchtige Erde löst sich auf und der Stein der Weisen gibt nach der ersten alchemistischen Arbeit keinerlei Lebenszeichen von

sich. Aber er lebt im Verborgenen und keimt. Eine zweite alchemistische Operation ist nötig, um aus dem Feuer in das Land des Ursprungs zurückzukehren. Doch wenn der Eingeweihte dorthin zurückkehrt, muss er sich in einen König verwandeln, der sein Reich in zwei Ländern hat. Und durch weitere alchemistische Arbeit wird er in ein herrschendes Numen verwandelt, wodurch er in zwei miteinander verbundenen Königreichen regiert.

Auf einer anderen, heute verlorenen Tafel stand VILLAE IANUAM TRANANDO RECLUDENS IASON OBTINET LOCUPLES VELLUS MEDEAE (Durch das geöffnete Tor der Villa gelangt Jason zum reichen Vlies der Medea, 1680).

Die Pforte wird von einem salomonischen Pentagramm gekrönt, das – von einer Weltkugel und einem Kreuz überlagert – buchstäblich zwei Kugeln mit einem Kreuz symbolisiert, da es zwei Umfänge mit unterschiedlichen Radien hat. Dies ist für die Alchemisten von wesentlicher Bedeutung. Es handelt sich um zwei Kugeln, jede mit einem Kreuz. Das Problem ist, dass die Weltkugel weder einen Anfang noch ein Ende hat, nicht einmal ein Prinzip – das Zentrum –, das sie formt. Eine bestimmte Inschrift besagt indessen: *Centrum In Trigono Centri* (In der Mitte des Zentrums des Dreiecks). Und genau dieses Zentrum, eines für jedes Kreuz, wird durch zwei Kreise mit unterschiedlichen Radien symbolisiert. Besteht angesichts der Symbole in den Kreisen innerhalb des Pentagramms eine Beziehung zwischen diesen beiden Kreisen und dem Pentagramm Salomons?

Andererseits gibt es eine Affinität zwischen dem Symbol „Globus mit Kreuz", d. h. dem „Schlüsselsymbol" und dem Schlüssel der Isis ♀. Das Pentagramm Salomons gehört ebenfalls zur Verwandlungsmagie. Zunächst symbolisiert es die wesentlichen Elemente, die für die Verwirklichung des Großen Werkes benötigt werden („wie oben, so unten" und „wie unten, so oben"). Es enthüllt auch die alchemistische Funktion dieser Elemente auf allen Ebenen: Sie „bilden das Wunder der einen Natur". Und es stellt die beiden fluiden Ströme, den positiven und negativen (männlichen und weiblichen) dar, die auf der Achse der beiden Pole ins Große Werk einfließen, wobei sie mit jedem Pol einen Hermesstab bilden und dann – gleich einem Blitz – ihre Strahlen auf Diana fokussieren.

Dies symbolisiert die Verwendung irdischer Faktoren im Großen Werk und deren Projektionen, die stets invertiert und symmetrisch ausfallen. Schließlich zeigt es in vollkommener Genauigkeit die „Rückkehr ins Land des Ursprungs" – die Operation, die einen König hervorbringt (atavistische Wiedergeburt). Hier ist der König des Gelobten Landes gemeint, wobei der Verweis auf das „Gelobte Land" mit dem Land des Ursprungs übereinstimmt. Dieser Doppelkönig wird durch eine zusätzliche schöpferische Operation in ein herrschendes Numen verwandelt, das über ein Doppelkönigreich (Solar-Lunar, Rex et Sacerdos) herrscht.

Die letzte Inschrift ist kreisförmig um das Pentagramm Salomons angeordnet: *Tria sunt mirabilia deus et homo mater et virgo trinus et unus* (Es gibt drei Wunder: Gott-Mensch, Mutter-Jungfrau, Dreiheit-Eins). Diese drei Prinzipien sind die drei Resultate des Großen Werkes bzw. werden als die ersten Faktoren desselben bezeichnet. Das dritte ist das letzte dieser Dreiheit, d. h. die Frucht von drei Operationen. Jedes bildet eine eigene Einheit, wird aber auch im zweiten verwendet und das Produkt dieser Synthese ergießt sich ins dritte.[10]

Abschließend können wir uns auf eine weitere Passage aus Kremmerz' Schrift *Wahnsinn als Auftakt zur Feuermagie* beziehen:

Rom in umgekehrter Form ergibt Amor (Roma, Amor, Orma, Maro; dies waren die verborgenen Namen der geheimen Stadt. Wenn die verborgenen Meere oder die heiligen Labyrinthe enthüllt wurden, roch man die Düfte der Mahlzeiten, die von irgendwelchen Praktizierenden zu sich genommen wurden). Deshalb

---

10   Giuliano Kremmerz, *Scopi e Pratiche Alchemiche dell'Ordine Osirideo Egizio*, Edizioni Prometeo.

wählte Dante den Eingeweihten (Vergil), der die Helden kannte und besang, zu seinem Meister und Führer, um seine Reise
von den Höllentoren aus zu beginnen, wo viele Ereignisse in Gegenwart des Vaters, des Sohnes und des Heiligen Geistes erlebt
wurden.[11]

In den letzten Jahren haben die Forschungen der renommierten
Wissenschaftler Anna-Maria Partini, Alessandro Boella und Antonella Galli (*L'alchimia della confraternita dell'Aurea Rosacroce*)
über die Porta Magica die Zugehörigkeit des Marquis Massimiliano Palombara zu einem Kreis von Rosenkreuzern bestätigt, der
um 1650 in Rom im Geheimen tätig war.[12] Der Rosenkreuzerorden,
dem Palombara angehörte, war der italienische Zweig einer größeren europaweiten Bewegung, die sich der Erneuerung der Menschheit durch eine Gesellschaft widmete, die universellen Frieden und
Harmonie förderte, anstatt Krieg und Zwietracht zwischen den europäischen Nationen zu säen. Der italienische Rosenkreuzerzirkel
umfasste eine Mischung aus Gelehrten, Geistlichen und Adeligen
aus Italien und ganz Europa, darunter Königin Cristina von Schweden und Kardinal Athanasius Kircher. Zwei prominente Mitglieder
des Kreises waren Francesco Maria Santinelli (1627–1697) sowie
der in Deutschland geborene und in Venedig lebende Federico
Gualdi (Friedrich Walter, um 1600). Santinelli verfasste mehrere
Abhandlungen über hermetische Alchemie, darunter *Androgynus
Hermeticus* und *Lux obnubilata suapte natura refulgens* (Licht,
das kraft seiner eigenen Natur aus der Dunkelheit hervorleuchtet),
ein wichtiges Manuskript, auf das sich hermetische Orden und Freimaurergemeinschaften im 18. und 19. Jahrhundert ebenso bezogen wie einzelne Adepten, etwa Sir Isaac Newton. Das Werk *Lux*

---

11 Giuliano Kremmerz, *Il Libro degli Arcani Maggiori, Opera Omnia*, Edizioni
    Mediterranee.
12 Anna-Maria Partini, *Cristina di Svezia e il suo cenacolo alchemico*, Edizioni
    Mediterranee; Alessandro Boella / Antonella Galli, *L'alchimia della confraternita dell'Aurea Rosacroce*, Edizioni Mediterranee.

obnubilata wurde einem gewissen Fra Marc-Antonio Crasselame Chinese (Anagramm für Santinelli) zugeschrieben, dessen wirklicher Name in den 1970er-Jahren von dem italienischen Gelehrten Marco Baistrocchi entschlüsselt wurde. Federico Gualdi, Leiter des italienischen Zweiges der Goldenen Rosenkreuzer, schrieb mehrere Abhandlungen über die hermetischen Künste, darunter *Die Kritik des Todes* und *Über den Stein der Weisen*. René Guénon betrachtete Gualdi – ein sagenumwobener Mann, der über 400 Jahre gelebt haben soll – als einen der unsichtbaren Meister (maîtres inconnus), und Umberto Eco bezeichnete ihn in *Das Foucaultsche Pendel* als den Meister der Meister.

Cagliostro und der Ägyptische Ritus

Der Ägyptischen Freimaurerei zufolge wurde der Mensch von Gott als das vollkommenste Wesen erschaffen und sank später aufgrund der Erbsünde von seinem göttlichen Stand auf den eines schwächlichen Wesens herab. Durch Einweihung in den Ägyptischen Ritus und eine allmähliche Vervollkommnungspraxis konnte man indes die uralte Reinheit wiedererlangen und die uralte Macht über alle irdischen und himmlischen Geschöpfe ausüben. Desgleichen wurde die Hoffnung erweckt, durch komplexe magische Praktiken und eine strenge Isolation die vollständige und dauerhafte körperliche Regeneration in geistiger Askese zu erringen. Mit anderen Worten: Unsterblichkeit der Seele und des Körpers konnte erlangt werden. In den Dokumenten über die Riten und Praktiken der ägyptischen Freimaurerei wird genau beschrieben, wie man dieses gewünschte Resultat erreichen kann (Carlo Francovich, *Die Geschichte der Freimaurerei in Italien*).

Die initiatischen Praktiken, die dem bereits erwähnten italienischen Rosenkreuzerzirkel zugeschrieben werden, übten weiterhin einen erheblichen Einfluss auf die zahlreichen Akademien und Freimaurerlogen aus, die im Laufe des 17. Jahrhunderts auf der Halbinsel entstanden. Eine dieser Logen, die mit dem italienischen Rosenkreuzerkreis in Verbindung stand, war die Mutterloge von Neapel, die „Vollkommene Gemeinschaft" (ca. 1750) um Raimondo di Sangro (1710–1771). Der innere Kreis der „Vollkommenen Gemeinschaft" bestand aus einer Bruderschaft von zwölf Adepten, Meistern der alchemistischen Praktiken, die als „Rosa d'Ordine Magno" bekannt waren. Die komplexe Laborarbeit, die dieser Kreis von Adepten praktizierte, bildete den Kern der Ägyptischen Riten der Freimaurerei, die sich später verzweigte und die zahlreichen Observanzen einschloss, die mit den Riten von Misraim, den Riten von Memphis, den Riten von Misraim-Memphis und den Hütern der geheimen Rituale der Arcana Arcanorum verbunden waren. Im späten 18. Jahrhundert wurden die Ägyptischen Riten in ganz Europa etabliert, mit Logen, die eine spiritualistische Form der Freimaurerei praktizierten. Denn die Neapolitanische Leiter ist ein gnostisches System mit deutlich ausgeprägten hermetischen Komponenten, das in Neapel von Don Raimondo di Sangro, Fürst von San Severo und Leiter der bereits erwähnten Mutterloge der Freimaurerei in Neapel sowie des alchemistischen Zirkels „Rosa d'Ordine Magno", gegründet wurde.

Die Ursprünge ihrer besonderen Lehrform lassen sich auf die Symbolik der griechischen Mythen zurückführen, von der Sibylle von Cumae bis zu den Riten von Eleusis, vom Pythagoreismus der Magna Graecia bis zu den Mysterienkulten und ägyptischen Riten von Alexandria, die mit der Errichtung des Isis-Tempels in Pompeji (ca. 62 n. Chr.) in Neapel und Umgebung Fuß fassten. In den 1760er-Jahren förderte Fürst di Sangro die Entzifferung von Schriftrollen, die man bei den Ausgrabungen des Iseum-Tempels in den Ruinen von Pompeji gefunden hatte. Di Sangro war mithin maßgeblich an der Ausarbeitung und Weitergabe einer hermetisch geprägten Freimaurerei beteiligt, die auf alchemistischen und kabbalistischen Praktiken beruhte und als Großer Ägyptischer Orden bekannt wurde. Denis Labouré schreibt dazu:

Die hermetischen Lehren (insbesondere die alchemistischen) wurden gewöhnlich in aristokratischen Familien von Vater zu Sohn weitergegeben. Dies ist einer der vielen Wege, auf denen die Alchemie sich in Europa verbreitete. Als dieses Gesellschaftssystem im 18. Jahrhundert infolge der Französischen Revolution und anderer Umwälzungen zusammenbrach, setzten die hermetischen „Lebensadern" ihren Weg fort, indem sie sich anderer Kanäle bedienten. Die Freimaurerlogen, zunächst von der Kirche geduldet, wurden zu einem privilegierten Vehikel. Die Freimaurerei des Ägyptischen Ritus praktizierte den Hermetismus mit freimaurerischen Mitteln, d. h. kollektiv als eine Gemeinschaft, in der jedes Mitglied die Bemühungen aller anderen unterstützte.

Die Bezeichnung „Ägyptischer Ritus" wird Cagliostro zugeschrieben. Doch müssen wir seine Position genauer verstehen. Die zuvor erwähnten hermetischen Lebensadern sind nämlich in diesem Ritus wieder aufgetaucht. Aber sie sind auch in anderen Formen zu verschiedenen Zeiten zutage getreten. Der Ritus von Cagliostro ist für uns deshalb von besonderem Interesse, weil die hermetischen Lehren dort in freimaurerischer Sprache ausgedrückt sind. Cagliostro sucht den Hermetismus in den freimaurerischen Kontext zu integrieren. Das aber gibt der Freimaurerei den Charakter eines genuin spirituellen Weges zurück. Dabei ist klar, dass gewisse Bestrebungen in den höheren Graden, die als „Secreto Secretorum" bekannt sind, auf etwas viel Mächtigeres abzielen: Techniken, die Engel zur Führung auf einem Weg innerer Alchemie anrufen. Der glorreiche Körper ist der Körper der Unsterblichkeit. Vom Christentum (glorreicher Körper) bis zum Taoismus (Regenbogenkörper) ist diese „neue Geburt" das typische Ergebnis eines jeden authentischen spirituellen Weges. Im Gegensatz zum östlichen Christentum hat die lateinische Kirche dieses Ziel freilich oft aus den Augen verloren. Doch wurde es von hermetischen Strömungen und christlichen Theosophen bewahrt.

Cagliostro

Im Ritus der Hohen Ägyptischen Freimaurerei gilt die weiße Morgenröte (oder die weiße Tunika) als Bild dieses glorreichen Körpers. Die freimaurerische Schürze stellt die „fleischliche Kleidung" dar, die der Eingeweihte beim Übergang vom Geistigen zum Biologischen verkörpert. Es geht nicht eigentlich um eine Erlangung von Kräften, sondern um etwas anderes; und es gibt zwei Möglichkeiten, diesen Körper der Herrlichkeit zu verstehen. Beide sind richtig, weil sie zwei verschiedenen Perspektiven entsprechen.

Unter der Ägide des Grafen Alessandro di Cagliostro (1743–1795) wurde in Lyon die Mutterloge des Ägyptischen Ritus der Freimaurerei gegründet. Cagliostros Ägyptischer Ritus folgt einem spirituellen Weg mit stark theurgischen Elementen, der sich der Hilfe von Medien bedient, um Engel anzurufen. Diese von den Kopten bewahrte Praxis findet sich bereits in der Bibel. Der Höhepunkt des Ritus besteht in einer Praxis der Selbstverwandlung und beinhaltet einen intensiven vierzigtägigen Rückzug (Isolation), bei dem der Eingeweihte eine vollständige physische und spirituelle Erneuerung erfährt. In ähnlicher Weise basiert das „Secreto-Secretorum"-Ritual auf einer komplexen Theurgie, die der Einführung in innere alchemistische Prozesse dient. Der Eingeweihte nimmt an theurgischen Praktiken teil, um mit Engeln in Verbindung zu treten, die ihm die Geheimnisse der inneren Alchemie offenbaren werden. Die „erste Isolation" wird im Katechismus des „Meisters des Ägyptischen Ritus" beschrieben. Dort enthüllt Cagliostro die Einzelheiten einer Praxis, die mit einer höchst geheimnisvollen vierzigtägigen Klausur zur „Regeneration des verdorbenen Menschen" einhergeht. Am Ende dieser Exerzitien erringt der Eingeweihte einen vollkommenen

Seinszustand, in dem er wahrhaft sagen kann: „Ich bin, der ich bin"
– Worte, die der Bibel zufolge aus dem brennenden Dornbusch an
Moses gerichtet waren.

ERSTE ISOLATION — ANRUFUNG DER ENGEL

Nachdem er (der Adept) sich in einen dreistöckigen Pavillon mit
dem Namen Sion zurückgezogen hat, der nach genauen architektonischen Vorgaben errichtet wurde, wird er sich langen Gebets-
stunden widmen, Arbeiten verrichten, die die Vorbereitung eines heiligen Fünfecks zum Ziel haben, und vom dreiunddreißigs-
ten bis zum vierzigsten Tag wird er mit Engeln kommunizieren.
Zu diesem Zeitpunkt wird er ein unermessliches Wissen erlangt
haben, das Vergangenheit, Gegenwart und Zukunft umfasst, und
„seine Kräfte werden immens sein". Nach dreiunddreißig Tagen
wird er sichtbare Verbindung mit den sieben Urengeln aufnehmen und Kenntnis von den Siegeln und Zahlen erlangen, die mit
diesen unsterblichen Wesenheiten verknüpft sind. „Nach dem
vierzigsten Tag wird er das erste Fünfeck erhalten, das dem jung-
fräulichen Papier entspricht, auf dem die Urengel ihre Zahlen
und Siegel angebracht haben"; dann weitere sieben „sekundä-
re Fünfecke, auf denen sieben Engel ihre Siegel angebracht haben". Mit Hilfe der Fünfecke kann er „im Namen Gottes über die
Unsterblichen gebieten", mit der „Wirkung, den Luftgeistern zu
gehorchen oder zu befehlen und viele Wunder zu tun". Dies ist
das theurgische Ritual. Laut Cagliostro besteht das spezifische
Ziel darin, „das Fünfeck zu erlangen und moralisch vollkommen
zu werden", d. h. – der damaligen Sprache gemäß – *seelisch* vollkommen zu werden.

Dieser Weg folgt dem klassischen Muster von Tod und Wiedergeburt. Er impliziert einen Prozess, bei dem der Eingeweihte in
der Dunkelheit, der die Menschheit verfallen ist, stirbt, um zu
einem höheren Leben wiedergeboren zu werden. Diese „Voll-

kommenheit" kann durch die Ausübung von Ritualen verwirklicht werden, deren Symbolik von Anfang an präsent ist, allerdings nur schrittweise bzw. abschnittsweise – den Fortschrit-
ten des Initianden entsprechend – erklärt und veranschaulicht
wird. Nach dem Vorbild der Zeremonien der Ägyptischen Freimaurerei Cagliostros sind viele sogenannte „Ägyptische" Frei-
maurerriten entstanden. All diese Riten verdanken Cagliostro
einen Gutteil ihrer Rituale und Lehren, womit eine Kontinuität zwischen „Ägyptischer Freimaurerei" und theurgischen Riten gestiftet war. Der in den Ägyptischen Ritus Eingeweihte vermochte – durch seine freimaurerische Arbeit vorbereitet – mit
dem Gefühl einer natürlichen Kontinuität zu den theurgischen
Techniken überzugehen. In der ersten Bedeutung des Begriffs
ist das „Secreto Secretorum" somit die theurgische Beschwörung eines oder mehrerer Engel mit Hilfe von Talismanen, Siegeln, Fünfecken oder anderen Techniken. Das „Secreto Secretorum" ist allerdings kein Selbstzweck, sondern markiert den Beginn eines Weges. Mit Hilfe beschworener Engel durchläuft der
Eingeweihte einen Verwandlungsprozess unter Einwirkung eines himmlischen Feuers, das durch die Taube auf Höhe des Herzens symbolisiert wird. Die Evokation ermöglicht ihm, in den Besitz von Schlüsseln zu gelangen. Dabei bleibt es ihm überlassen,
das Geheimnis zu lüften, wie er sie am besten einsetzen kann.

ZWEITE ISOLATION — PHYSISCHE REGENERATION

Was lehrt uns dieser geheimnisvolle Text? Einen Vorgang, den
wir schon in früheren Texten finden, etwa in Cesare della Rivieras
Die magische Welt der Helden (1605). Im Frühling, während des
Vollmonds im Mai, isoliert sich der Eingeweihte physisch und
psychisch, um sein Werk, die ersten Arkana der inneren alche-
mistischen Prozeduren, zu vollziehen. Am sechsunddreißigsten
Tag wird ein tiefer Schlaf eintreten. Haare, Zähne, Nägel und
Haut des Eingeweihten werden schwarz und erneuern sich. Am

achtunddreißigsten Tag wird ein mit aromatischen Kräutern bereitetes Bad genommen. Am neununddreißigsten Tag schluckt der Eingeweihte zwei Löffel Rotwein und zehn Tropfen des Elixiers *Acharat*. Die Elixiere stammen aus Rezepten des Parcelsus. Am vierzigsten Tag kehrt er verjüngt und vollkommen erneuert nach Hause zurück. Dank der auf diese Weise erworbenen Kräfte wird der regenerierte Mensch in der Lage sein, „die Wahrheit zu verbreiten, das Laster zu vernichten, den Götzendienst zu zerstören und den Ruhm des Ewigen zu mehren". Er unterwirft sich einem Verfahren, dessen Ziel die Reinigung seines Organismus mit den damals bekannten Mitteln ist: Diät, Aderlass, reines Wasser, Bäder und Schwitzen. Danach beginnt er mit der Einnahme der Materia Prima, die weder Zinnober noch Kali ist, sondern durch das mittelalterliche Bild der roten Rose symbolisiert wird. Dies ist der „tierische Stein", der in einem *Athanor* zubereitet wird, welcher dem oben erwähnten Pavillon (*Athanor*) entspricht. Der tierische Stein wird nach den Anweisungen der ältesten Rosenkreuzertradition zubereitet und die absorbierte Substanz durch den Ofen, die Quelle des beständigen Feuers, das sich im Körper befindet, aufgelöst (solve). So wie sich der Körper Hirams in einem fortgeschrittenen Zustand der Verwesung befand, als er wiederbelebt wurde, müssen die Stoffe des Großen Werkes aufgelöst (*solve*) und zersetzt werden, um ihre Kraft zu entfalten. Damit die Substanz ihre Essenz abgeben kann, nimmt der Eingeweihte ab dem siebzehnten Tag Azoth-Tropfen zu sich, eine Mischung aus Schwefel und Quecksilber (freilich weder gewöhnlicher Schwefel noch gewöhnliches Quecksilber), die untrennbar miteinander verbunden sind und das philosophische Quecksilber enthalten. Dadurch wird er von seiner groben Hülle befreit und gewinnt eine Essenz, die von seinem Blut assimiliert wird. Von diesem Moment an bewirkt bzw. nährt sein Blut den Aufbau (*Coagula*) eines besonderen unvergänglichen Körpers, des *soma psychikon*, des goldenen Hochzeitsgewandes, das die Tunika der Sklaverei ersetzt, mit der Adam seit dem Sündenfall bekleidet war. Einem zeitgenössischen, von den hermetischen Quellen seines Ordens abgeschnittenen Freimaurer wird dieser Weg völlig fremd erscheinen.

Schließlich wird ein alchemistisches Werk vollbracht, das sich am besten anhand einer Analogie erklären lässt: In einem Ei bzw. in dessen Gesamtkonstitution unterscheidet man den verderblichen Teil (das Eiweiß und die Schale) und den Teil, dem ein höheres Schicksal zugedacht ist (der gelbe Dotter und die Membran, die ihre Form bewahrt). Die alchemistische Arbeit besteht darin, den zweiten Teil (Feuerkörper + Luftkörper) zu aktivieren, da der erste (Wasserkörper + Erdkörper) den Tod schwerlich überlebt.

Der Eingeweihte ist sich darüber im Klaren, dass er einen Embryo der Unsterblichkeit besitzt. Er muss ihn wachsen lassen, auf dass er zu einem eigenständigen Körper werde. Zu diesem Zweck kann er einen theurgischen Akt vollführen, der den Kontakt zu einer gewissen Transzendenz gewährleistet. In dem von Cagliostro gelehrten Verfahren wird dies durch das biblische Bild der sieben Engel dargestellt, die den Thron Gottes umgeben. Dabei gibt es Kriterien, um „Kontakte" auszuschließen, die der bloßen Phantasie entsprungen sind. Hiernach ist das alchemistische Werk vollbracht.[13]

Das äußere Wirken des Ägyptischen Ritus der Freimaurerei wurde nach Verhaftung, Prozess, Inhaftierung und schließlichem Tod Cagliostros durch die kirchliche Inquisition eingestellt. Später, in den ersten Jahrzehnten des 19. Jahrhunderts, gab es allerdings einen Nachfolger Cagliostros als Großmeister des Ägypti-

---

13 Denis Labouré, *Secrets de la Franc-Maçonnerie Egyptienne*, Chariot d'Or; *Cagliostro: les arcanes du rite égyptien*, Spiritualité Occidentale. Der französische Forscher Labouré ist Verfasser diverser Bücher und Aufsätze über Cagliostro und den Ägyptischen Ritus.

schen Ritus, nämlich als dieser Ritus kurzzeitig von Baron Lorenzo de Montemayor wiederbelebt wurde, der in ganz Italien Sektionen gründete. Cagliostros Erbe wurde im folgenden Jahrhundert zumal durch die Verbreitung eines gnostischen Systems theurgischer und alchemistischer Praktiken fortgesetzt, u. a. des Ritus von Misraim, des Ritus von Memphis und des Ritus von Misraim-Memphis. Durch dieses Erbe wurde Neapel zu einem der wichtigsten Zentren Europas, in dem alte Weisheitslehren wie die als „Leiter von Neapel" bzw. „Neapolitanischer Knoten" bekannte Hermetik (Scala di Napoli, Nodo Napoletano) recht offen in den humanistischen Akademien und Freimaurerlogen in der Umgebung von Parthenope (Neapel) weitergeführt werden konnten.

Giambattista Vico und die antike Italische Weisheit

Mitte des 17. Jahrhunderts hatte die kartesianische Revolution in Europa viele Formen des Wissens – darunter Hermetik und Alchemie – hinweggefegt, die nicht zu den Paradigmen einer sinnesorientierten und empirisch fundierten Erkenntnistheorie passten. Als Reaktion auf die Hegemonie des kartesianischen Rationalismus erschien in der langen Reihe von Weisen eine Janus-Figur: Giambattista Vico (1668–1744). Mit kritischem Blick auf die Vergangenheit und zukunftsweisenden Einsichten war Vico ein leidenschaftlicher Verfechter der klassischen Weisheit und kämpfte in seinem umfangreichen Werk *Die neue Wissenschaft* mutig gegen die Hegemonie von Phänomenalismus, Materialismus und Empirismus, von denen die westliche Welt an der Wende der kartesianischen Revolution erfasst wurde. Vico ist vor allem für die Formulierung des Verum-Factum-Prinzips bekannt.

Dieser Grundsatz besagt, dass die Wahrheit durch Schöpfung oder Erfindung und nicht, wie bei Descartes durch bloße Beobachtung empirischer Fakten bewiesen wird. Was auf den ersten Blick wie zwei gegensätzliche Vorgehensweisen erscheint, sind in Wirk-

lichkeit zwei Seiten derselben Medaille: ein solarer oder aktiver Pol
und ein lunarer oder passiver Pol innerhalb ein und desselben Prozesses der Wahrheitsfindung. Es war diese solare und heroische
Spiritualität, die Vico für die Menschheit restituieren und kultivieren wollte.

Als führendes Mitglied der humanistischen Accademia dell'Ar-
cadia, einem Bollwerk zur Verbreitung der immerwährenden Weisheit oder *Prisca theologia*, befasste sich Vico in seinem Buch *De An-
tiquissima Italorum Sapientia* (*Über die älteste Italische Weisheit*)
mit den Italischen Weisheitstraditionen und in *De Mente Heroica* (*Über den heroischen Geist*) mit der Kunst der Verwandlung. Er
schreibt: „Die älteste Weisheit der heidnischen Welt muss mit einer
Metaphysik begonnen haben, die nicht rational und abstrakt war,
wie die der heutigen Gelehrten, sondern erfühlt und imaginiert wie
die der frühen Menschen, die neben der Kraft der Ratio recht robus-
te Sinne und eine lebhafte Vorstellungskraft hatten."

Vicos Wort für Einbildung ist *fantasia*. Unter diesem Begriff versteht er eine Kraft des Geistes, die auch mit dem lateinischen Begriff
poeta, „Schöpfer", verwandt ist. Die frühen Menschen schufen ihre besondere Form der Weisheit durch ihre Fähigkeit, Bilder zu gestalten. Sie setzten das, was sie wahrnahmen, dachten und fühlten
in Bilder bzw. – in Vicos Terminologie – „imaginative Universalien"
um. Diese Fähigkeit, den Fluss innerer und äußerer Empfindungen
in der Beständigkeit eines Bildes zu fixieren, erlaubte es ihnen, aus
der Vorstellungskraft des Geistes Formen zu schaffen und aus dem,
was sie fühlten und sich vorstellten, Energie zu gewinnen, zu formen und zu gestalten. Mit Vorstellungskraft (*fantasia*) und Kreativität (*ingegno*) geht die Ausbildung von Erfindungskraft (*inventio*)
als Voraussetzung für das Hervorbringen einer bestimmten Gestalt
einher. Solche Erfindungsgabe ist notwendig für eine vollkommene Gestaltung und steht in ihrer Bedeutung der Kreativität (*ingegno*) in nichts nach.

Betrachtet man die Bedeutung des Begriffs Erfindung, so stellt
man fest, dass er zwar in erster Linie meint, etwas von Grund auf zu

erschaffen, dabei aber zugleich mit dem Entdecken (*invenire*) verwandt ist, was so viel heißt wie: durch Nachforschung oder Zufall
auf etwas stoßen.[14]

Für Vico hat die Fähigkeit, schöpferisch zu denken, ihren Ursprung in der Kapazität der Imagination, die Welt in lebendige Bilder
zu übersetzen. Letztlich ist die Vollkommenheit der Bilder von der vi-
suellen Kraft der Imagination, die Künstler, Eingeweihte und schöpferische Menschen in ihrem Geist formen und zu Kunst gestalten, abhängig. Was das Vorstellungsvermögen bzw. die *forma mentis* zur
paradigmatischen Matrix menschlicher Schöpfung macht, ist ihre
prozessuale Analogie zum göttlichen Wissen. Vico bekräftigt diesen
Grundsatz im Anschluss an die erste Fassung der *Neuen Wissenschaft*: „Wie derjenige, der sich mit Geometrie beschäftigt, in seiner
Welt der Figuren (sozusagen) ein Gott ist, so ist der allmächtige Gott
in seiner Welt der Geister und Körper (sozusagen) ein Architekt."[15]

Nachdem die Ideale von Dante, Petrarca und Machiavelli für
ein erneuertes und geeintes Italien jahrhundertelang geschlum-
mert, aber nie ganz begraben worden waren, kamen sie Mitte des
19. Jahrhunderts aufs Neue zum Vorschein und wurden durch verschiedentlich aufkeimende patriotische Bewegungen wie das Junge
Italien, den Royalisten unter dem Banner Savoyens und sogar Kleri-
kalen und Liberalen in Zeit und Raum verwirklicht. Schließlich kam
es 1860 nach mehreren gescheiterten Versuchen zu einem militärischen und politischen Aufstand, der von dem Abenteurer Giusep-
pe Garibaldi angeführt wurde. An der Spitze einer tausendköpfigen
Miliz (die „Mille"), die eine Reihe von Schlachten schlug, um fremde Mächte zu vertreiben, zog er von Sizilien aus Schritt für Schritt
die Halbinsel hinauf nach Rom, wo zum ersten Mal seit Auflösung
des Römischen Reiches die politische Einheit des Königreichs Itali-
en proklamiert wurde.

---

14 Donald Phillip Verene, *Vico's New Science: A Philosophical Commentary*,
    Cornell University Press.
15 Donald Phillip Verene, *Vico's New Science: A Philosophical Commentary*,
    Cornell University Press.

Die Neapolitanische Schule —
Domenico Bocchini & Giustiniano Lebano

Domenico Bocchini (1775–1849)

Neben den eher äußerlichen politischen und sozialen Kräften, die die Zeit bestimmten, kam es parallel dazu auch zu einem inneren Wiederaufleben der spirituellen, philosophischen und esoterischen Wurzeln, auf die sich Vico in seinem Buch *Über die älteste Italische Weisheit* bezog. Zwei der wichtigsten Persönlichkeiten, die zu dem geistigen Aufschwung beitrugen, der ein neues Interesse an den klassischen mysteriosophischen Traditionen des Orphismus, des Dionysos, des Pythagoras, der ägyptischen Mysterien und der antiken römischen Kulte hervorrief, waren Domenico Bocchini und Giustiniano Lebano. Beide Männer waren führende Persönlichkeiten in der aufblühenden neapolitanischen Schule der Initiation, die im Gewand des Ägyptischen Freimaurerritus von Di Sangro und Cagliostro auftrat.

Domenico Bocchini, auch bekannt als Geronta Sebezio und Nicodemo Occhiboni, stammte aus Neapel, wo er sich als junger Mann an der Fakultät für Rechtswissenschaften eingeschrieben hatte. Er war ein eifriger Student initiatischer Wissenschaften und gehörte dem schottischen Ritus „Die Söhne der Freiheit" an. Als Abenteurer mit starken jakobinischen Überzeugungen betätigte er sich 1799 in der Parthenopäischen Republik auf Seiten der Republikaner, bis diese vom bourbonischen Regime verdrängt wurden und er sich gezwungen sah, aus Neapel zu fliehen und sich in der französischen Armee zu verpflichten. Während seiner Betätigung in den französischen Reihen zeichnete er sich durch Mut und Geschick aus. 1831 kehrte Bocchini nach Neapel zurück, um als Anwalt zu praktizieren und unter dem Pseudonym Nicodemus Occhiboni, einem Anagramm seines Namens, die Zeitschrift *Geronta Sebezio* zu veröffentlichen. Er war auch bekannt als der „alte Mann von Sebeto". Sebeto, der ein wenig an den altindischen Fluss Saraswati im Indus-Tal

erinnert, war der Name eines antiken Flusses, der unterirdisch von
Neapel zu den Elysischen Feldern fließt und in der Mythologie als
„Weg zur Unsterblichkeit und zum himmlischen Leben nach dem
Tod" beschrieben wird.

Zu dieser Zeit lernte Bocchini Filippo Lebano, den Vater Giusti-
nianos, kennen, mit dem er in den neapolitanischen Initiationsorden der Ägyptischen Freimaurer eng zusammenarbeitete. Im Jahre 1834 besuchte der berühmte englische esoterische Schriftsteller
Sir Edward Bulwer Lytton Bocchini in Neapel und Lytton wurde in
die neapolitanische Initiationsschule eingeweiht. Durch seine Einweihung in die neapolitanische Esoterik gelangte Lytton zum Inhalt
seines populären Buches *Zanoni* über die Weisheitsmysterien. Unter dem Pseudonym „Geronta Sebeto" legte Domenico Bocchini hingegen den Grundstein für jene Hermetik, die später von Gustiniano
Lebano und mit einigen Abwandlungen auch von Giuliano Kremmerz übernommen wurde. Es war Bocchini, der Vicos Lehren für
die hermetische Exegese klassischer Autoren wieder aufgriff. Durch
Anwendung der „palladianischen" Methode, die darin bestand, den
Wortstamm und die Endung von Wörtern – oder die einzelnen Silben – zu analysieren und dann vom Wörtlichen über das Allegorische zum Hermetischen aufzusteigen, ist es möglich, Schlüssel zur
Interpretation von Wörtern und Passagen der klassischen Werke
zu finden.

Obwohl die Methode spektakuläre Ergebnisse zeitigen kann,
muss der hermetische Exeget aus empirisch-rationalistischer Sicht
darauf achten, die Interpretationen der alten Bücher nicht zu er-
zwingen, und dies kann nur vermieden werden, wenn man die Worte nicht willkürlich aus dem Kontext, in dem sie stehen, herauslöst
und indem man die vorangehenden und nachfolgenden Sätze berücksichtigt, sich sowohl das Thema wie auch den historischen Zeitpunkt, auf den sich der gesamte Text bezieht, vor Augen hält. Auch
ist zu betonen, dass es analoge Entsprechungen zwischen den vier
Auslegungssinnen gibt, die niemals im Widerspruch zueinander-
stehen dürfen.

Nur die Weisen sind Numen, denn aus Weisheit allein bestehen die primären göttlichen Elemente, die symbolisch von den
„Sterblichen" angebetet werden! (Domenico Bocchini, *Gli Arcani Gentileschi Svelati*, Bd. III, S. 45, Anm. 29.)

DIE GEHEIME OFFENBARUNG DER HEIDEN (GLI ARCANI GENTILESCHI SVELATI)

An den tugendhaften Leser

Die Alten kannten drei Sprechweisen.
Demotisch [d. h. volkstümlich] war die erste:
Die zweite wurde hieratisch, oder auch heiter, genannt:
Die dritte in Hieroglyphen war die erhabenste.

Die Vulgärsprache war die bevorzugte Sprache des gemeinen
Volkes und wurde von allen verstanden: Auch gab es die tief-
sinnige Rhetorik des Forums und die wortgewandte Redekunst,
die ernst und kraftvoll spricht. Von anderer Art war die Heilige
Sprache, die der Pöbel nicht verstand: er war zum Dienen geboren und um die Erde zu pflügen.

Die Zeichen hingegen ... werden nicht leicht erkannt:
Allein im Geiste des Weisen erwecken sie
Die Ideographie verschiedenartiger Kreise.[16]

GIUSTINIANO LEBANO (1832—1910)

Giustiniano Lebano war ein faszinierender und geheimnisvoller
Mann. Er war Gelehrter, Patriot und Literat zugleich und gehörte
der neapolitanischen Initiationsschule an, die eine aus der Italischen Tradition stammende und mit der hermetischen verschmol-
zene, esoterische Strömung auf verborgenen Wegen bewahrte und

---

16 Domenico Bocchini, *Gli Arcani Gentileschi Svelati*, unveröffentlicht.

weitergab.[17] In dieser Schule brach eine geheime Traditionslinie hervor, von der auch die heilige Dichtung der *Aeneis* zeugt.

Giustiniano Lebano, alias Sairitis Hus, war der Erbe der Hermetisch-Ägyptischen Tradition von Neapel, begründet von Raimondo di Sangro, Fürst von Sansevero im 18. Jahrhundert, der zusammen mit seinem Vater (Filippo Lebano) Mitglied des Großen Rates des Ägyptischen Ritus war. Aufgrund der engen Beziehungen zur Familie Bocchini heiratete Giustiniano Bocchinis Nichte Virginia. 1853 wurde Lebano in die Freimaurerloge Folgore, die dem Ägyptischen Ritus folgte, aufgenommen; er sollte später von 1893 bis 1910 ihr Großmeister werden. Zusammen mit anderen neapolitanischen Hermetikern wiederbelebte er eine Reihe von Initiationszirkeln, darunter die Großloge Sebezia und den neapolitanischen Goldenen Rosenkreuzerorden, der sich jenen hermetischen Praktiken widmete, aus denen der Ägyptische Großorient hervorging. Im Jahre 1873 wurde das Archiv des Ägyptischen Großorients in die Villa Lebano überführt.

Lebano, der für seine immense Gelehrsamkeit zu allem, was das Thema der Initiation betraf, bekannt war, pflegte Kontakt zu einem großen Kreis von Gelehrten in ganz Europa, unterhielt u. a. auch enge Beziehungen zu Eliphas Levi und dessen Zirkel. Lebano besaß eine Privatbibliothek mit über 2.000 seltenen Manuskripten und über 5.000 Bänden zur hermetischen Philosophie. Nach seinem Tod im Jahre 1910 ging die Sammlung auf seine Tochter über; bis heute ist dieser Bestand an seltenen Manuskripten und hermetischen Texten eine heiß begehrte Fundgrube.

ÜBER MYSTERIUM UND INITIATION (1. AUFL. 1899)

Über Mysterium und Initiation widmet sich der Aufdeckung der den antiken Kulten innewohnenden, verborgenen Bedeutungen. Durch Betonung des symbolischen Sprachgebrauchs in den Werken des Autors Petronius wird das Vorhandensein archaischer und sym-

---

17   Giustiniano Lebano, *Opere, Vol. 1, Del Mistero e della Iniziatura*, Victrix.

bolischer Bedeutungen aufgedeckt, angefangen bei dessen eigenem Namen: „Die PETRA ist die Arche, in der die Gesetze der Ceres aufbewahrt wurden." Der verborgene Sinn von Petronius' *Satyricon* wird klarer, wenn man begreift, dass es „kein vollständiges Werk ist, sondern aus Fragmenten besteht". Inmitten dieses Chaos enthüllt der Philosoph fast alle mystischen Schichten, die in der Initiation verborgen sind: „Auch kannst du nicht von jenen profitieren, die nicht mit dem Wissen der alten Mysterien vertraut sind, einem Wissen, das nicht aus den Modebüchern törichter Menschen stammt, die es nicht wagen, den Weisen gegenüberzutreten, sondern aus den alten Klassikern, der Quelle menschlichen Wissens." Laut Lebano lehrt Petronius seine Leser, in der erhabenen Manier des mystischen Logos zu schreiben – vergleichbar mit Homer, Vergil und Horaz –, und mit dem Wenigen, das bisher enthüllt wurde, wird das Interesse an Petronius' Werken weiter geweckt, die überwiegend mystischer Natur sind, da Petronius in Parthenope (Neapel) begann.[18]

Giuliano Kremmerz und die Magische Bruderschaft von Miriam

In der schöpferischen Magie kommt die Imagination von Dingen – klar definiert, bildhaft und in feinen und detaillierten Einzelheiten ausgeprägt – einem handelnden Willen gleich; sie ist Schöpfung. Die Vorstellungskraft vermag diese Form der Willensverwirklichung bis zur Perfektion auszuüben. Alle inneren Willensaktivitäten liegen in der plastischen Vorstellungskraft des Menschen. Bediene dich deiner Imagination auf rechte Weise, und du wirst wunderbare Kräfte des schöpferischen Willens entwickeln (Giuliano Kremmerz, *Il Mondo Segreto*).

Die Ursprünge der heutigen initiatischen Orden und esoterischen Schulen Italiens lassen sich bis in die Mitte der 1890er-Jahre zu-

---

18 Giustiniano Lebano, *Opere, Vol. 6, Del Mistero e della Iniziatura*, Victrix. *Über Mysterium und Initiation* erschien in zwei Teilen in Nr. 9 und 10 von Giuliano Kremmerz' Zeitschrift *Il Mondo Secreto*, 1899.

Giuliano Kremmerz

rückverfolgen, als 1896 in Neapel die Magisch-Therapeutische Bruderschaft von Miriam (oder Myriam) (Fratellanza Terapeutico-Magica di Miriam) gegründet wurde und Giuliano Kremmerz (Ciro Formisano, 1861–1930) von 1897 bis 1899 die Zeitschrift *Il Mondo Segreto (Die geheime Welt)* herausgab. Kremmerz wurde in die neapolitanische Schule des Hermetismus (Scala di Napoli) eingeweiht, indem er bei Pasquale de Servis (1818–1893), in der Welt der Kunst bekannt als Izar Bne Escur, und bei Giustiniano Lebano (1832–1910), dem Leiter des Großen Ägyptischen Ordens, einem inneren Kreis von Adepten, in die Lehre ging. Im Jahre 1909 verfasste Kremmerz eine Art Satzung, die *Pragmatica Fondamentale*, die vom Großen Ägyptischen Orden angenommen wurde und in sechzig Punkten das initiatische Ziel der Bruderschaft umreißt. Dabei geht es um:

1. das Studium und die Ausübung von Wissenschaften, die sich mit den okkulten Kräften des menschlichen Körpers, dem Animismus, der mentalen Aktivität, dem Hellsehen, der Telepathie und allen übernatürlichen und spirituellen Phänomenen beschäftigen;

2. das Studium klassischer Dokumente, alter Texte, Erinnerungsberichte, alchemistischer und magischer Wissenschaften, Religionen, Rituale, volkstümlicher Traditionen, Mythologien und Wahrheiten, die von den Alten bewusst oder durch religiöse und sektiererische Beschränkungen verborgen wurden.

Myriam war nach einem hierarchischen System von fünf Graden organisiert, dessen Einführung Kremmerz später bedauerte, weil es allzu oft zu Formen persönlicher Machtausübung und egoistischer Polemik zwischen den Hierarchen führte. Kremmerz beförderte die Entwicklung der Esoterik, indem er ihre Terminologie modernisierte und einen wissenschaftlichen Ansatz zur Überprüfung ihrer Wahrheitsansprüche einführte. Er gründete eine Schule, um die klassischen, mediterranen und italischen Formen philosophischer

Esoterik im Gegensatz zu den vorherrschenden hebräischen und östlichen Varianten zu verbreiten, die zu dieser Zeit populär waren. Die *Schola Philosophica Hermetica Classica Italica* (*Italische, klassische, hermetische und philosophische Schule*) und die *Biblioteca Esoterica Italiana* (*Italienische Esoterische Bibliothek*) wurden in den 1890er-Jahren gegründet, um jenen, die danach suchten, Bezugspunkte für die Vertiefung ihrer Kenntnisse und die Ausübung klassisch-italischer Formen der Spiritualität zu bieten. Das Material stützte sich weitgehend auf hermetische, pythagoreische, platonische und italienische Quellen, darunter die Philosophien von Dante, Bruno, Ficino, Vico und des italienischen Rosenkreuzerkreises, der mit der Porta Magica von Rom verbunden war.

Die Bruderschaft von Myriam ist eine Sodalität, die eine lunare Form von Spiritualität praktiziert, zu der auch die Bildung einer kollektiven Kette von Initianten gehört, die Rituale zur Kultivierung feinstofflicher Energien zwecks Fernheilung durchführen. Myriam praktizierte eine hoch entwickelte Liturgie von Ritualen, die die Verwendung von Siegeln, Waschungen, astrologischen Beobachtungen und Fasten beinhaltete. Ihre lunare Spiritualität zielte darauf ab, eine mütterliche Form der Liebe (Myriam, Maria und Isis sind lunare Archetypen) oder ein inneres Feuer zu kultivieren und einzusetzen, um die vier konstitutiven Körper (Elemente oder Seinsebenen) des Selbst zu reinigen und zu sublimieren: Saturn- (physisch), Mond- (astral), Merkur- (Psyche) und Solarkörper (spirituell), im Gleichgewicht gehalten von Hermes (Bewusstsein).[19]

Eine spürbare Bewusstseinserhebung des Praktizierenden wird erreicht, sowie die äußeren Körper (Saturn, Mond und Merkur) mit dem siderischen Körper (Solar) vereint werden und die Lebensenergie mit dem spirituellen Bewusstsein verschmilzt. Die individuelle Vervollkommnung erfolgt durch effektive Reinigung und Integration des Bewusstseins, das jedem der Körper zugrunde liegt, und führt zu einer spirituellen Zentrierung des Selbst (des We-

---

19   Giuliano Kremmerz, *Il Mondo Secreto*, Edizioni Rebis.

sens). In den myriamischen Lehren wird der Eingeweihte mithin als ganzheitliche Verbindung von vier Elementarkörpern betrachtet: Saturn, Mond, Merkur und Sonne, wobei jeder Körper eine bestimmte Schwingungsfrequenz der Lebenskraft des Bewusstseins repräsentiert; der Saturnkörper die niedrigste, der Sonnenkörper die höchste. Dieser vierfache Rahmen stimmt recht genau mit den tantrischen vier Elementen oder *Tattvas* überein. Durch das tägliche Ausüben eines Rituals reinigt der Praktizierende jeden der vier Körper, indem er Bewusstseinsenergie durch die vier Schichten des Seins leitet. Diese Praxis erfordert eine konstante und effektive Reinigung und Integration (*solve et coagula*) der dichteren Saturn-, Mond- und Merkurkörper, um einen Marienkörper zu bilden, der in der Lage ist, die dichteren Energiebündel herauszufiltern und diese Energieansammlung auf der solaren Ebene der Seele oder des Numen zu integrieren, welche die ursprüngliche, irreduzible und unveränderliche Quelle des Bewusstseins darstellt.

An dieser Stelle ist auf die Wesenszentrierung im spirituellen Bereich – bekannt als fünftes Element: Äther – zu verweisen. Die Integration des Selbst in die Seele (Numen) findet statt, wenn das Bewusstsein von den äußeren oder samsarischen Bindungen (*vinculum*) gelöst ist und sich im Numen sammelt. Dieser Zustand führt zur Verwurzelung des Wesens am numinalen Knoten, wo bewusste Energie willentlich durch die vier Körper nach außen projiziert werden und sich als Tugenden (*siddhis*) manifestieren kann. Dieser höhere Zustand der Verwirklichung macht die Seele (bis zu einem gewissen Grad) gegen äußere sinnliche oder mentale Einflüsse immun. Eine lebenslange Praxis befähigt den Eingeweihten, die vier Energieformen und Strukturen, welche die Projektion von Kräften (Tugenden) durch die vier Körper hindurch ermöglichen, zu beherrschen.[20]

---

20   Giuliano Kremmerz, *Il Mondo Secreto*, Edizioni Rebis.

1. Die Suche beginnt, wenn der Wille stark genug ist, die vulgären, aber mächtigen Tendenzen der Identifikation mit den bzw. der Unterwerfung unter die Begierden und Instinkte zu überwinden, welche die feinen Substanzen verschlingen.

2. Das Ich kann als ein sich bewegender Komplex von kleinen „Ich(s)" betrachtet werden, die im Gefolge äußerer Geschehnisse geboren werden und sterben. Allein die Schnelligkeit dieses Wandels und das Fortbestehen der Erinnerung gebiert die Illusion eines stabilen und einzigen Selbst.

3. Verehrter Leser, als Lehrer verbiete ich dir, deine gemeine Logik auf Dinge anzuwenden, die den Geist betreffen, der nicht gemein ist, und ich sage dir, dass du am Tag, an dem du deinen Glauben an die menschliche Vernunft aufgibst, für immer das hinter dir lassen wirst, was nicht durch die universelle Vernunft, die deiner göttlichen Natur entspricht, geformt und vervollkommnet worden ist.[21]

Kremmerz schreibt:

Ein gereinigter LUNARER KÖRPER verwandelt sich in eine fluide Entität, die jene beiden höheren, aus feineren Substanzen bestehenden Prinzipien (Solar- und Merkurkörper) enthält, die sich vom physischen Körper ablösen und zu einer ANGELISCHEN Gestalt führen können, welche in der Lage ist, zu handeln, ohne den physischen Körper einsetzen zu müssen. Ich teile dir mit, dass, wenn der Mondkörper in eine – wenn auch noch embryonale – engelhafte Verfassung übergeht, diese in unserer Schule MARIA genannt wird. Die Operationen der kollektiven Magie haben, analog zur individuellen, die Macht, eine kollektive MARIA aller Teilnehmer aus der Kette der Operatoren bzw. Praktizierenden zu bilden. So erkläre ich dir, dass die große MARIA unserer Wirkungskette MIRIAM genannt wird; sie stellt die Gesamt-

---

heit der aus den Gebeten aller einzelnen Mondkörper erwachsenen Kräfte dar.[22]

Kremmerz definiert dieses innere Feuer bzw. den „Mag"-Zustand wie folgt:

Ein Zwischenzustand zwischen Leben und Tod, der den schlummernden, aber mächtigen Bestandteil der verborgenen Natur des Menschen zum Vorschein bringt. Es ist ein Seinszustand, der nur von denen verstanden werden kann, die über direkte Erfahrungen mit der Macht dieser aktiven Trance verfügen. Denn es handelt sich um einen selbstbestimmten bzw. gewollten Trancezustand des Schattens in all seinen Erscheinungsformen und Wirkungen. Als „Mag" bezeichnet man einen intensiven Trancezustand, der unsere lunaren, merkurischen und solaren Körper in direkte Verbindung mit der kosmischen oder ätherischen Materie, die den Astralstrom bildet, bringt. In der Intensität der Schwingung, die durch den Kontakt zwischen menschlichem und astralem Strom entsteht, manifestieren sich die Phänomene im Lichte der Realität.[23]

In einer ursprünglich Kremmerz zugeschriebenen Monographie, die jedoch zweifellos apokryphen Charakter trägt und von einem anonymen Autor verfasst wurde, der mit einer späteren Verkörperung der Myriam verknüpft ist, wird auf die italische Form einer kabbalistischen Interpretation des Mythos von der Natur der Urfrau Bezug genommen. Die Monographie spielt auf die Parallelität zwischen transformatorischer Kraft der Myriam und Entwicklung eines kollektiven Bewusstseins in der Gesellschaft an. Sie erwähnt die Bewusstseinsentwicklung einer primitiven Lilith-Natur, die als problematisch abgelehnt und ins Unterbewusstsein verbannt wurde, um durch eine andere Natur, bekannt als Eva, ersetzt zu werden, die als Folge des Falls (Versuchung) ebenfalls als unzulänglich

---

22   Giuliano Kremmerz, *Il Mondo Secreto*, Edizioni Rebis.
23   Giuliano Kremmerz, *Il Mondo Secreto*, Edizioni Rebis.

eingestuft wurde. Eva wurde dann in den Geist des äußeren oder profanen Bewusstseins verbannt. Durch Maria werden die mit Eva und Lilith bezeichneten Zustände abgelöst und zugleich erlöst, was dem Triumph eines christozentrischen bzw. ethischen Bewusstseins und anschließend eines Sophia-Bewusstseins des Heiligen Geistes oder Parakleten gleichkommt, der die himmlische bzw. göttliche Bewusstseinssphäre repräsentiert. Dieses Bewusstsein wird von der aus Fremdidentifikationen gebildeten Hülle und anderen Gewändern befreit, um sich in einer ursprünglichen und selbstständigen Einheit des Seins aufzulösen. Der anonyme Verfasser schreibt:

... mit dem Übergang vom Minimum zum Maximum bzw. vom Schlechtesten zum Besten im Menschen lässt sich eine Fortentwicklung des Geistes oder Prinzips beobachten, die in der Inkarnation eines irdischen Menschen endet, einer Verwirklichung und Adaption des Geistes. Hieraus ergibt sich eine Reihe von Schlussfolgerungen, eine wichtiger als die anderen. Die bedeutendsten davon sind:

- Erste Folgerung: Der menschliche Geist (Numen) ist ewig, weil er sich in verschiedenen Körpern (Inkarnationen) reproduziert, die er aus sich selbst (Prinzip) heraus erschafft, d. h. nach bestimmten Zielen formt. Daher kann der geistige Kern eines Menschen sich im Laufe seiner kontinuierlichen Reise in verschiedenen Leibern und Hüllen verkörpern, so wie der Samen einer Pflanze sich selbst (in anderen Samen) reproduziert. Die antiken Priester symbolisierten dieses Prinzip durch die Sichel des Saturn, also jenes Gottes, der die Samen seiner Söhne verschlingt und aussät, auch dargestellt in der Schlange, die ihren eigenen Schwanz verschlingt.
- Zweite Folgerung: Der Mensch ist die Verwirklichung seines gestaltenden Geistes in dem Maße, in dem jedes menschliche Leben sich auf einer von seinem gestaltenden Geist bestimmten Mission befindet; dies ist auch die Vorbereitung auf jedes

künftige Leben. Daher entspricht das Glück oder Unglück eines Menschen der erfolgreichen Verwirklichung seines gestaltenden Geistes; das Ausmaß, in dem der Zweck seiner Bestimmung verwirklicht wurde (oder auch nicht), ist zugleich das Maß für Glück oder Unglück.

- Dritte Folgerung: Der Geist (Numen) des Menschen ist in all seinen Gedanken, Handlungen und Errungenschaften sowie in dem Körper, den er annimmt, enthalten. Das Leitprinzip eines Lebewesens prägt also die mannigfaltigen Handlungen in dessen irdischem Leben. Wenn das Leitprinzip nutzbringend ist, ist auch das menschliche Leben nutzbringend. Ebenso materialisieren sich sämtliche generativen Qualitäten einer bestimmten Pflanze in den Eigenschaften ihrer Samen.

- Vierte Folgerung: Der menschliche Körper ist Hülle eines Samenkorns (Geistes), dem eine bestimmte Kraft innewohnt, die ihm entsprechend der seinem Samen zugedachten Bestimmung zugekommen ist. Beim Menschen oder in der menschlichen Gesellschaft werden diese Samen durch Worte, Taten und Beispiele ausgesät, wie man sie etwa im Falle des Priesters, Helden, Soldaten oder auch des Feiglings findet.[24]

---

24 Anonym, *Lo Sputo della Luna*, Edizioni Carpe Librum. Der italienische Schriftsteller Gaetano LoMonaco weist darauf hin, den betreffenden Text mit gewissen Vorbehalten zu lesen, da ein Großteil des Inhalts unecht oder apokryph sei.

Appendix

Auszug aus Giuliano Kremmerz,
Die geheime Welt (Il Mondo Secreto, 1898)

UNUS, POLLENTISSIMUS OMNIUM! (DER EINE, ALLMÄCHTIGE)

O Sonne, strahlender Gott, unser aller Vater, du, der du
Formen erschaffst und allen sichtbaren Wesen im Gefolge deines ewigen Glanzes mit Schatten Linderung ver-
schaffst, erleuchte mit deinem göttlichen Licht denjenigen, der,
reinen Geistes und reinen Herzens, in diesem Buch die Gesetze
und Praktiken studiert, die ihn zur Macht der Numina erheben
werden: Lass ihn verstehen und nicht in die Irre gehen: Schenke
ihm Demut, auf dass er seine Unwissenheit und Tugend erkenne,
um die dumpfen Sinneseindrücke des irdischen Lebens zu mei-
den, damit die Stimme des Tieres ihn nicht verführe und er den
Atem deines fruchtbaren Geistes spüre.

O Sonne, du, die du die dunkle Verblendung in der großen Nacht
der Phantasmen, die Gespenster wildester Begierden, großartige
Schöpfungen des menschlichen Stolzes, hinwegfegst, erleuchte
die Unwissenheit dessen, der in einer Welt, die nach zeitlichen
Dingen verlangt, nach den ewigen Wahrheiten dürstet, und lass
den an die Eitelkeit der Unwissenheit gebundenen Götzendienst
des Tieres deinen göttlichen Strahl vernehmen und sich auf die
Ankunft Christi vorbereiten.

O Sonne, flammender Gott, vergib jenen, die meine Worte in
schlechtem Glauben lesen, den unwissenden Freimaurern, den
prahlerischen und blinden Priestern, den Doktoren der Theologie, die den Logos deines Geistes nicht verstehen, den Anbetern
von Säuren, Mikroben und Seren, den ahnungslosen Kritikern
und heulenden Schreihälsen, die sich fürchten; lass deine Boten des Lichts, die geflügelten Engel und gehörnten Dämonen,

sie zur Erkenntnis der Wahrheit über die sinnlich wahrnehmbaren Wesen bekehren.

Aber du, o Sonne, da du dein Licht nur den Blinden verbirgst, verweigere deine Strahlen und deine Vorsehung nicht denen, die dies ohne Tugend der Seele und des Herzens lesen und lediglich einen Beweis als Bedingung für ihre Bekehrung zur Wahrheit verlangen. Doch wenn der Beweis ausbleibt und der hartnäckige Versucher der Götter abermals ohne Glauben bittet, sei barmherzig, wie du großmütig bist. Vergib die Schwäche des Vermessenen. Lass deine roten Dämonen ihre Adern nicht mit Blut röten, und erlaube nicht, dass ihre Gehirne von den umherschweifenden und flüchtigen Bildern der Sehnsucht nach dem Nichtseienden vor Wahnsinn triefen.

Vergib, o Sonne, und verschone die blinden Führer der Blinden, die Sophisten und die Narren der menschlichen Weisheit von deinem schrecklichen Zorn. Während sie leugnen, kräht der Hahn, und die Morgenröte des Lichts der Seelen und der Weisheit kündigt sich im Osten an, über der dichten Kette der höchsten Berge, die dem menschlichen Auge die Stadt Gottes verbergen.

Während sie über das spotten, was sie nicht sehen, die Schafe streicheln, die geschlachtet werden sollen, und das zu schöpfende Fett, das Papiergeld und ihr Paradies in Slums suchen, in denen der Hahn seinen Ruf wiederholt, wird die Morgenröte zur Aurora. Die Welt erwacht zum Licht und lässt die Eulen, Meister der langen Nacht, in den Höhlen zurück, damit sie den Leichnam der großen Lüge verzehren, die sie in der Nacht genährt hatte.

Für diejenigen, die glauben, lieben und hoffen, die wahre Bedeutung meiner Worte zu ergründen, sei dies ihr Gesetz.[25]

---

25 Giuliano Kremmerz, *Il Mondo Secreto*, Edizioni Rebis.

Giuliano Kremmerz – Die Werke

1.	Il Mondo Segreto	Die geheime Welt (Zeitschrift)	1896-99
2.	Angeli e Demoni dell'Amore	Engel und Dämonen der Liebe	1898
3.	La Medicina Ermetica	Hermetische Medizin	1900
4.	Il Libro degli Arcani Maggiori	Das Buch der größten Arkana	1909
5.	La Porta Ermetica	Die Hermetische Pforte	1910
6.	Commentarium	Kommentare (Zeitschrift)	1910-11
7.	Lunazioni – Annotazioni sulle influenze siderali e lunari sulle piante, i medicamenti, le infermità del corpo umano	Lunationen – Hinweise auf siderische und lunare Einflüsse auf Pflanzen, Arzneimittel, menschliche Körperbeschwerden	1913
8.	La Magia Divinatoria, I Tarocchi	Divinatorische Magie, Tarot	1921
9.	Conversazioni – Circolo Virgiliano	Konversationen – Der Vergilische Kreis	1921
10.	Conversazioni – Accademia Pitagora	Konversationen – Die Pythagoreische Akademie	1921
11.	Medicina Dei	Göttliche Medizin	1923
12.	La Morte	Der Tod	1923
13.	Dialoghi sull'Ermetismo	Dialoge zur Hermetik	1931

Manuskripte (nur für Mitglieder der Myriam-Bruderschaft)

14.	Fascicolo A – La Pragmatica Fondamentale	Dossier A – Die grundlegende Praxis
15.	Fascicolo B – I Preliminari di Pace	Dossier B – Die Vorbereitung des Friedens
16.	Fascicolo C – Rito Individuale	Dossier C – Individueller Ritus
17.	Fascicolo D – Il Primo Contatto	Dossier D – Der erste Kontakt
18.	Corpus Philosophicum Totius Magiae Restitutum	Das vollständige Korpus philosophischer Magie wiederbelebt

TEIL 4

Zeitgenössische initiatische Gruppierungen

Julius Evola und die Gruppe von UR

Heroismus ist eine *Askese* im strengsten Sinne des Wortes, und der Held ist eine in Askese befindliche, vom „menschlichen" Element gereinigte Natur: Er partizipiert an demselben Grad von Reinheit wie das Prinzip, das er verkörpert (Julius Evola).[1]

Neben der Myriam-Bruderschaft war die Gruppe von UR der einflussreichste initiatische Kreis, der im vergangenen Jahrhundert in Italien tätig war. Die Gruppe wurde Ende 1926 gegründet und von Julius Evola (1898–1974), einem jungen Philosophen, Maler, Dichter und Künstler, zusammen mit Arturo Reghini (1878–1946), einem gelehrten Forscher – bekannt für seine wissenschaftlich strenge Herangehensweise an den Spiritualismus – und führenden Vertreter der Freimaurerei sowie des Pythagoreismus, geleitet. Im Jahre 1911 wurde Reghini vom Musikwissenschaftler Amadeo Armentano in einen geheimnisvollen pythagoreischen Zirkel, die „Schola Italica", eingeweiht. Nun verstand sich die Schola Italica als Weiterführung einer Linie, die von einer initiatischen Bruderschaft ausging, die während der Renaissance in Florenz ansässig und als Fratres Lucis bekannt war.[2] Mitte der 1920er-Jahre gab Reghini

---

1   Julius Evola, Aufsätze aus der Zeitschrift *La Vita Italiana*.
2   Der italienische Historiker Gaetano LoMonaco stellt die Behauptung einer lückenlosen Linie mit folgenden Worten in Frage: „Wenn wir von der Schola Italica und der kontinuierlichen italisch-römischen Tradition in Bezug auf die von Armentano und Reghini vertretene Strömung sprechen, stehen wir auf tönernen Füßen, denn es ist nicht alles Gold, was glänzt (in dem Sinne, dass die Behauptung des Florentinischen Mathematikers und des Cosentiner Musikers, Vertreter einer alten heidnischen Initiationslinie zu sein, alles andere als fundiert – man könnte sogar sagen: falsch – ist). Auf jeden Fall ist es besser, nicht zu viel zu behaupten, sondern in dieser Hinsicht eine skeptische Haltung einzunehmen."

zwei Zeitschriften heraus, *Atanor* und *Ignis*, die die Schriften der
Zeitschrift *UR* über initiatische Studien und metapolitische Fragen,
mit denen Italien und das Abendland konfrontiert waren, vorweg-
nahmen. Reghini verkündete die Wiederbelebung eines römisch
inspirierten Imperialismus, indem er in zahlreichen Artikeln und
öffentlichen Reden die zentrale Rolle Italiens für die Einleitung einer
neuen abendländischen Renaissance postulierte. Um das Interesse
der Öffentlichkeit zu wecken und die junge faschistische Regierung
zu beeinflussen, veröffentlichte Reghini in *Atanor* 1924 seinen Artikel über den „Heidnischen Imperialismus", der am Vorabend des
Ersten Weltkriegs als Aufruf zur Wiederbelebung des römischen –
und damit italienischen – Imperialismus erstmals publiziert worden
war. Ein anonymer Autor antwortete darauf unter dem Pseudonym
Fermi (angeblich Benito Mussolini) in der faschistischen Zeitschrift
Gerarchia (Hierarchie). Reghini und Fermi tauschten eine Rei-
he von Artikeln aus, in denen Fermi Reghinis Behauptung infrage
stellte, dass die Freimaurerei die für ein neues Italien erforderliche
Elite stellen könne; er empfahl, dass Reghini und sein Kreis von Im-
perialisten den Lauf der italienischen Gesellschaft am besten durch
Gründung einer Akademie beeinflussen könnten, wie dies schon von
Fürsten und Condottieri in der Renaissance versucht worden war.
Die bekanntesten Beispiele hierfür sind die Römische Akademie von
Pomponio Leto und die Platonische Akademie von Ficino.[3]

> Julius Evola sagte mir, dass der Tod die Fortsetzung des Lebens
> sei, die Sublimierung der Geschichte (unserer selbst). Er sagte
> mir, dass wir aus dieser einen Gewissheit – dem Tod – die Grün-
> de für das Leben ableiten können und müssen (Benito Mussolini,
> *Taccuini Mussoliniani*).

Die Gruppe von UR entstand im Gefolge der sozialen Konflikte nach
dem Ersten Weltkrieg und dem faschistischen Marsch auf Rom –

---

3   *ATANOR. Rivista di studi iniziatici; IGNIS. Rivista mensile di studi iniziatici,*
     Casa Editrice Atanor.

Julius Evola

zu einer Zeit also, die von starken, sowohl auf physischer wie auch auf metaphysischer Ebene wirkenden Kräften geprägt war. Dieser turbulente Hintergrund nährte in Italien und Europa die Vorstellung von einem bevorstehenden „Untergang des Abendlandes" und der Erstarrung des westlichen Menschen. Gleichzeitig bildeten sich in ganz Italien und in anderen Teilen Europas Gruppen, die bereit waren, sich diesem Schicksal zu widersetzen, indem sie versuchten, die Gesellschaft neu zu orientieren, um zu den Ursprüngen zurückzukehren und eine „Neue Ordnung" bzw. einen „Neuen Menschen" wieder aufleben zu lassen. Die Gruppe von UR versuchte, auf die entstehende faschistische Bewegung Einfluss zu nehmen, indem sie den politischen Körper mit einer römischen und olympischen Seele zu versehen suchte, um die Bildung eines neuen Menschen (*l'uomo nuovo*) zu unterstützen – eines Menschen, der in einer unbeugsamen, spirituellen Seele verwurzelt sei und sich in heroischen Taten behaupte. Evola würde diesen neuen Menschen als Absolutes Individuum charakterisieren, als frei von profanen Einflüssen, selbstgenügsam gleich einem autarken Stoiker altrömischen Schlags.[4]

Die ersten Hefte der Zeitschrift *UR* erschienen 1927 monatlich und widmeten sich – mit Beiträgen von einer Vielzahl qualifizierter Esoteriker – dem Studium philosophischer und spiritueller Themen:

Die Mitarbeiter folgten dem Prinzip der Anonymität und unterschrieben alle mit einem Pseudonym, weil – wie in der Einleitung erwähnt wird – die einzelne Person wenig zählt und das, was sie von Wert zu sagen hat, nicht von ihr geschaffen oder erfunden wurde, sondern überindividuelle Lehren und Ziele widerspiegelt.[5]

Die Gruppe von UR setzte sich aus führenden Persönlichkeiten eines breiten Spektrums esoterischer Strömungen Italiens zusammen, darunter Magier der Kremmerzschen Schule (Abraxa, Primo

---

4　Julius Evola, *Teoria e Fenomenologia dell'Individuo Assoluto*, Edizioni Mediterranee.

5　Julius Evola, *Il Cammino del Cinabro*, Edizioni Mediterranee.

Sole, Nilius, Ekatlos), Pythagoreer der Schola Italica (Pietro Negri, Luce, Saggittario), Verfechter einer dantischen Vision der Synthese von Adler und Kreuz (Havismat, Gic, Siro, Sirius) sowie Anhänger der Lehren Rudolf Steiners (Leo, Breno, Oso, Taurulus), allesamt vereint unter einem römisch-imperialistischen Banner.

Dabei verstand die Gruppe von UR sich als Träger des Wandels und wollte die vorherrschenden Kräfte der Gesellschaft individuell, kulturell und politisch beeinflussen, indem sie eine höhere Kraft zu erwecken und durch ihre Lehren und magischen Praktiken auf die allgemeine Umwelt einzuwirken versuchte. Mit Zentrum in Rom und Zweigstellen in anderen italienischen Städten, bildete die Gruppe von UR unter Leitung Reghinis und Evolas eine magische Kette, um Kräfte zu kultivieren und Veränderungen zu bewirken (siehe die Anleitungen zur Etablierung einer magischen Kette in Band II).[6]

Nun haben sich Eingeweihte bzw. ihre entsprechenden Gruppierungen seit dem Risorgimento dafür eingesetzt, mit Hilfe esoterischer Praktiken bzw. durch magisches Handeln die italienischen Machthaber zu einer geistig-politischen Renaissance zu bewegen. Im Mittelpunkt solch ehrgeiziger Projekte stand stets die Bildung einer geistigen Elite, die den Staat führen sollte. Die Schaffung dieser Geistesaristokratie war nämlich der Eckpfeiler des traditionalistischen Denkens und ein unverzichtbarer Faktor in der Umsetzung eines imperialen Plans. Insoweit die „UR-Gruppe" ein zielgerichtetes Programm formulierte, wurde dies offen verkündet.[7] So schreibt Leo:

Der erste Schritt auf dieser initiatischen Reise besteht in einer tiefgehenden Transformation und Metamorphose des eigenen Ich ... Alle Übungen zur inneren Entwicklung werden gelähmt sein, wenn die begrenzenden Schalen, die die alltäglichen Gewohnheiten um den Menschen herum bilden, nicht durchbro-

---

6   *KRUR. Rivista di scienze esoteriche*, n. 12.
7   Fabrizio Giorgio, *Roma Renovata Resurgat. Il tradizionalismo Romano tra Ottocento e Novecento*, Vol. 2.

chen werden, da sie selbst bei veränderter intellektueller An-
schauung als Gewohnheitsmuster im menschlichen Unterbewusstsein fortbestehen.[8]

Der Artikel, der die Weltanschauung der Gruppe von UR vielleicht
am besten zusammenfasst, ist ein Beitrag von EA (Evola) im ersten
Band: „Über die magische Sicht des Lebens". Der Artikel rekapitu-
liert die Hauptthemen, die sowohl Evolas Werk bis zu diesem Punkt
als auch die Gruppe von UR im Allgemeinen prägten. Die magische
Sicht des Lebens artikuliert sich hier in einer Doktrin der Selbstbe-
freiung, der Freiheit von äußeren und inneren Zufälligkeiten, der
Läuterung der Seele unter Betonung eines solaren Pfades der Tat,
wie er durch den Krieger/Kshatriya und die damit verbundenen
Techniken der Königlichen Kunst verkörpert wird. Kurz gesagt: ein
Leben, das in Askese und Selbsttranszendenz verankert ist und in
heroischer Beziehung zur Welt steht.

Dies sind „Wahrheiten", die im Hinblick auf eine vorläufige Befreiung und Reinigung der Seele zu einer bestimmten Phase der
Entwicklung angenommen werden müssen. Eine derartige Entwicklung erfolgt insbesondere auf dem „Weg des Kriegers" – des
Kshatriya, wie es im Hinduismus heißt. Sobald das Ziel einer solchen Disziplin erlangt ist, können sich einzelne Ansichten ändern bzw. es kann jener Standpunkt eingenommen werden, der
der wahren transzendenten Verwirklichung entspricht.

Die Selbstüberwindung ist – außer Gegenstand von Riten – mit
einer ganz neuen, heldenhaften Wahrnehmung der Welt und des
Lebens verknüpft, nicht als abstraktes Konzept des Geistes, sondern als etwas, das im Rhythmus des eigenen Blutes pulsiert. Es
handelt sich um die Wahrnehmung der Welt als Macht oder als
Opferhandlung; eine größere Freiheit, in der die Tat das einzi-

---

8   *Introduzione alla Magia quale scienza dell'io*, Vol. 1, Edizioni Mediterranee.

ge Gesetz ist; überall Wesenheiten aus Kraft und gleichzeitig ein kosmischer Atem, ein Gefühl von Höhe, von Leichtigkeit.

Die Tat muss befreit werden. Sie muss in und aus sich selbst verwirklicht werden, frei von geistigem Fieber, von Hass und Begierde. Diese Wahrheiten müssen die Seele durchdringen: Es gibt kein Ziel, zu dem man gelangen, nichts, worum man bitten müsste, nichts, worauf man hoffen, nichts, was man fürchten bräuchte.[9]

Überblickt man die Autorenschaft der *UR-* und *Krur-*Zeitschriften, so ist besonders auf jene Beiträge hinzuweisen, die unter dem Pseudonym Abraxa erschienen und Ercole Quadrelli zuzuschreiben sind.[10] Abgesehen von Evola zählen Quadrellis Beiträge zu den wenigen, die in allen drei Jahrgängen des Bestehens von *UR* und *Krur* enthalten sind. Ercole Quadrelli war ein Anhänger des Magiers Giuliano Kremmerz und Mitglied des römischen Zweigs der Myriam, d. h. des Vergilischen Kreises. Jedoch ist nicht viel über ihn bekannt, außer der Tatsache, dass er ein einflussreiches hermetisches Traktat der Spätrenaissance, *Chymica Vannus Commentatio de pharmaco catholico* (1666) von Johannes de Monte-Snyder, übersetzte und mehrere erhellende Artikel und Kritiken über Hermetik schrieb, darunter „Die Fedeli d'Amore" und „Die Magie Heinrich Cornelius Agrippas".

Das Vorhandensein zahlreicher Artikel Abraxas zeugt von der Bedeutung, die der Kremmerzsche Einfluss auf das in den Zeitschriften *UR* und *Krur* veröffentlichte initiatische Material hatte. Es bestand eine enge Beziehung zu Evola, dem Quadrelli seine Beiträge zur Überarbeitung und Verfeinerung vor Veröffentlichung zusandte. Die Abraxa-Artikel waren bei Weitem die bedeutendsten Beiträge zu magisch-operativen Techniken und stellen als solche gleichsam das Herzstück der Lehren der Gruppe von UR dar.

---

9   *Introduzione alla Magia quale scienza dell'io*, Vol. 1, Edizioni Mediterranee.
10   *Quaderni del Gruppo di Ur*, XVII, Il Gruppo Di Ur.

ZUSAMMENFASSUNG DER ARTIKEL VON ABRAXA IN UR & KRUR

UR Vol. 1 (1927)	*UR* Vol. 2 (1928)	*KRUR* (1929)
Das Wissen um die Wasser	Die Magie des Ritus	Die Wolke und der Stein
Die drei Wege	Lösungswege für Rhythmus und Befreiung	Kommunikationen
Der Hermesstab und der Spiegel	Die Magie der Schöpfung	Die Magie des Sieges
Unterweisung zur „Erkenntnis des Atems"	Die Magie der Vereinigung	Das Wissen um die Opferhandlung
Die zweite Bereitung des Hermesstabes		
Magische Operationen mit „zwei Gefäßen" – die Verdoppelung		
Die Magie des Bildes		

Nach zweijährigem Bestehen von UR (1928) begannen die zunehmenden Spannungen, sowohl existenzieller als auch anderer Art, zwischen einigen der führenden Köpfe der Gruppierung ihren Tribut zu fordern und steigerten sich zu neuen Höhen, die zu einem Streit führten, der die Mitgliederschaft in zwei Lager spaltete. Die eine Seite unterstützte Reghini und Parise, die andere Evola. Dieser Bruch beendete die Arbeitsbeziehung zwischen Reghini und Evola, namentlich wegen des Vorwurfs, Evola habe einen von Reghinis berühmtesten Artikeln, „Heidnischer Imperialismus", plagiiert und den Namen desselben als Titel für sein eigenes gleichnamiges, noch im selben Jahr veröffentlichtes Buch verwendet. So wurde das Führungstrio Evola-Reghini-Parise aufgelöst, und im dritten Jahr erhielt die Zeitschrift einen neuen Namen – *Krur*, wobei Evola die alleinige Leitung übernahm.

Ein wichtiger Forschungsbereich, auf den die Zeitschrift sich konzentrierte, waren die gemeinsamen Wurzeln einer authentischhyperboreischen bzw. westlichen Tradition. Parallel dazu erschienen in den *UR*-Bänden mehrere Artikel über die Ursprünge bzw. allgemeinen Wurzeln der westlichen Tradition: über die abendländische Tradition, Hyperborea und nicht zuletzt ein Artikel, der einem mysteriösen Mitglied der Gruppe namens Ekatlos zugeschrieben wird: „Die große Orma: Vor und hinter den Kulissen (La Grande Orma: La scena e le quinte)".

Im Jahre 1929 veröffentlichte die Zeitschrift *Krur* also besagten Artikel mit dem Titel „Die große Orma (Akronym für Roma): Vor und hinter den Kulissen", in dem ein anonymer Autor die Leser über ein verheißungsvolles Ereignis vor dem Ersten Weltkrieg informierte, bei dem ein Kreis von Eingeweihten ein Ritual durchgeführt hatte, um die spirituellen Kräfte des Ewigen Rom wiederzubeleben und den Sieg der italienischen Armee im großen Krieg zur Wiederherstellung des „heiligen Vaterlandes" einzuläuten. Einige Jahre nach diesem Ritual brachten dieselben Eingeweihten Mussolini – der 1922 Regierungschef wurde – ein antikes etruskisches Liktorenbündel dar. Die meisten, die sich mit dieser Geschichte befasst haben, weisen darauf hin, dass der geheimnisvolle Urheber namens „Ekatlos" in Wirklichkeit Leone Caetani war – Fürst von Teano und Herzog von Sermoneta, der jedoch zum Zeitpunkt der Veröffentlichung des Artikels in *Krur* bereits in Kanada im freiwilligen Exil lebte. Die verschiedenen Autoren und Gelehrten, die über diese Geschichte geschrieben haben, scheinen sich auch darin einig zu sein, dass das Wort „Ekatlos" auf ein Missgeschick von Evola, dem Herausgeber von *Krur*, zurückzuführen sei, der versehentlich ein „s" an das osko-sabinische Wort „EKATLO" angefügt habe, dessen italienische Übersetzung „ARALDO" (Herold) ist.

Tatsächlich findet sich in verschiedenen alt- und vorrömischen Inschriften der Begriff EKATLO LARTIO, der mit „Herold" oder „Held" übersetzt werden kann. Dabei steht EK-ATLO in der antiken ausonischen Sprache für „DA ATLI" bzw. stammt aus dem antiken Saturnia Tellus ATLI (oder ATLA), dem ursprünglichen Sitz der mythischen Atlanter. Aus den gelehrten Studien von Camillo Ravioli und Reguzzoni wissen wir, dass der italische Kontinent ursprünglich die Form eines Eichenblatts hatte und – da das Tyrrhenische Meer noch nicht existierte – auch Sardinien und Sizilien mitumfasste, mithin von den Alpen bis zur Küste Nordafrikas reichte. Die Idee, eine Gruppe zu gründen, die in ritueller Hinsicht im Rahmen der italisch-römischen Tradition arbeitet und die alten italischen Kulte wiederbelebt, kam Giustiniano Lebano, dem Oberhaupt des Ägyptischen Ordens, unter der Inspiration von Ersilia Caetani-Lovatelli, Akademikerin an der Accademia dei Lincei, einer angesehenen Gelehrten der Altertumswissenschaft, Anregerin verschiedener esoterischer Kreise der Hauptstadt und Tante des bereits erwähnten Leone Caetani.

Die beiden Rituale wurden begangen: das eine am 25. Dezember 1913 im Untergrund der Stadt, das andere am 21. April 1914 auf dem Palatinhügel. Beiden Ritualen ging eine anspruchsvolle individuelle Vorbereitung jedes einzelnen Gruppenmitglieds voraus, gemäß der verbindlichen Askese der ägyptisch-italienischen Tradition, auf die wir nicht näher einzugehen brauchen. Die vollzogenen Rituale führten zu einer Reihe von günstigen Entwicklungen: zum Eintritt Italiens in den Krieg und zum Sieg, der die Vereinigung Italiens mit Trient, Triest, Fiume sowie der dalmatinischen Küste vollendete, die so ins Mutterland zurückgeholt wurden, und kurz darauf zur faschistischen Revolution.

Dies schien die lang erwartete definitive Wiederauferstehung Italiens zu bedeuten, mit Mussolini in der Gestalt des dantischen Veltro, der das Imperium wiederherstellte. Doch der Druck bürgerlicher, materialistischer und katholischer Kräfte sowie das Fortbestehen der engstirnigen Denkweise der „Italietta umbertina" (Klein-Italien von König Umberto) bei vielen führenden Vertretern des Faschismus führten zur Annäherung an die katholische Kirche, zum Konkordat und schließlich zur Verfolgung aller begeisterten „Heiden" Italiens. Das Gesetz gegen Geheimbünde tat sein Übriges, denn acht von zehn Mitgliedern der EKATLO-Gruppe waren Freimaurer! Es war der ehemalige Bürgermeister von Neapel und Senator des

Königreichs, Pasquale del Pezzo, der Evola über Vincenzo Gigante vermittelt den Artikel „La Grande Orma" übergab, und zwar entsprechend der Anweisungen von Don Leone Caetani vor seiner Abreise nach Kanada. Gigante übergab Evola offenbar einige mit Schreibmaschine geschriebene Blätter, auf denen oben mit Bleistift vermerkt war: „EK-ATLO" mit einem in Klammern gesetzten „s", was auf die Geheimhaltung des Dokuments oder auf die Vorsicht hinwies, mit der Gigante den Artikel geliefert hatte. Evola dachte, das „s" weise auf einen möglichen Plural-Diphthong hin, und der von EKATLOS geschriebene Artikel wurde in Druck gegeben. Jahre später klärte Gigante die Geschichte gegenüber Evola auf, indem er auf den Fehler hinwies und die Verantwortung dafür übernahm, dem Schriftleiter von *KRUR* die Bedeutung des „besagten angefügten s" nicht besser erklärt zu haben.

EKATLOS — „DIE GROSSE ORMA"; VOR UND HINTER DEN KULISSEN

Heute wird an einem prächtigen Denkmal gebaut, in dessen zentraler Nische eine Statue des archaischen Rom aufgestellt werden soll. Möge dieses Symbol in seiner ganzen Macht wieder aufleben — sein Licht und seine Pracht!

In einer im Zentrum der Altstadt sich dahinschlängelnden Straße befindet sich ein seltsames kleines Gebäude, in dem zur Zeit der Cäsaren der Isiskult praktiziert wurde (mit Überresten ägyptischer Obelisken). Im hintersten Teil des Gebäudes befindet sich ein Symbol, das gewissermaßen auf das wiedererstandene römische Glück verweist: der aus den Flammen auferstandene Phönix. Um das Zeichen herum sind die folgenden Buchstaben angebracht:

R.R.R.

I.A.T.C.P.

Im Jahre 1929 wurde nach einem halben Jahrhundert des Zerwürfnisses ein Versöhnungsvertrag zwischen dem italienischen Staat und dem Heiligen Stuhl unterzeichnet, mit dem der Vatikan als eigener Staat etabliert und der Katholizismus zur offiziellen Staatsreligion Italiens erklärt wurde. Diese Wende der Ereignisse veranlasste die heidnischen Imperialisten der UR-Fraktion, ihre Taktik zu überdenken und neue Wege zu beschreiten. Es ist jedoch anzumerken, dass Mussolini diese Entwicklung der Ereignisse in einem anderen Licht betrachtete.[11]

In dieser Situation löste man sich von der horizontalen Ebene des direkten Handelns zugunsten der Verfolgung einer inneren vertikalen Ausrichtung, wie sie in Evolas Werk über die Königliche Kunst, *Die hermetische Tradition*, zum Ausdruck kommt. Um eine wirkliche Veränderung im Äußeren zu bewirken, müsse man zuerst eine Veränderung im Inneren realisieren. Während „Transformationen" in der Sprache der Alchemie Veränderungen bezeichnen, die auf der physisch-chemischen Ebene (Saturn, Mond) stattfinden, und „Transmutationen" solche, die auf der psycho-mentalen Ebene (Merkur) auftreten, zielt die wahre Veränderung darauf ab, dass der individuelle menschliche Zustand (Humus, Persönlichkeitskomplex) transzendiert und das Wesen im Geistigen (Sonne) zentriert wird. Die Herstellung von Gold durch die „Königliche Kunst" bezeichnet daher den Prozess, durch den das Bewusstsein des Menschen zu feineren solaren Zuständen bis hin zur Erleuchtung erho-

---

11   Benito Mussolini, *Taccuini Mussoliniani*, Il Mulino. Dort schreibt Mussolini über Evola und die Versöhnung zwischen Italien und dem Heiligen Stuhl: „Im Gegensatz zu dem, was allgemein angenommen wird, hat mich die Haltung von Dr. Julius Evola, der sich einige Monate vor der Versöhnung gegen jeden Verständigungsfrieden zwischen dem Heiligen Stuhl und Italien aussprach, nicht gestört. Dr. Evolas Haltung bezog sich im Übrigen nicht direkt auf die Beziehungen zwischen Italien und dem Heiligen Stuhl, sondern auf die seiner Meinung nach seit Jahrhunderten bestehende Unversöhnlichkeit zwischen römischer Tradition und Katholizismus. Wenn man nun den Faschismus mit dem Fortbestand der römischen Tradition identifiziert, bleibt nichts anderes übrig, als jede universalistische Vision der Geschichte als Gegner zu betrachten."

ben wird. Dies ist nicht zuletzt eine Anspielung auf gewisse dantische Begrifflichkeiten: „incielare" und „inparadisare" ermöglichen die Erkenntnis der ersten Ursachen (Essenzen) und die Betrachtung der Wirkungen gleichsam aus der Vogelperspektive. Wie eine Umwandlung von „unedlen" Substanzen in „edlere" im mineralogischen Bereich stattfindet, so auch im menschlichen Kontext durch Reinigung der psycho-physischen Vehikel. Es heißt, dass der Mensch seine Lebensenergie durch die Verschmelzung mit dem Bewusstsein freisetzt. Und durch Verankerung des Wesens im geistigen Bereich wird die vollständige Transzendenz verwirklicht, sodass sie kaskadenartig herabfließt und die vier Körper als Träger des Lichts durchdringt.[12]

Nach den eher durchwachsenen Resultaten, die er mit seinem Engagement in der Gruppe von UR und später als Leiter der Zeitschrift *La Torre (Der Turm)* erzielt hatte, machte sich Julius Evola auf den Weg zu den Berggipfeln der Dolomiten, um eine Strategie zu entwerfen, die auf ein breiteres Publikum als das enge italienische Umfeld ausgerichtet war. Das Ergebnis war eine weitere Verfeinerung der evolianischen Vision, die sich auf hermetische und heroische Prinzipien stützte und sich in einigen seiner eindrucksvollsten Werken niederschlug: *Die hermetische Tradition, Revolte gegen die moderne Welt, Maske und Antlitz des zeitgenössischen Spiritualismus, Das Mysterium des Grals* und *Die Lehre vom Erwachen.*

---

12 Homayun Taba, *Alchemy and Yoga*, Bihar-Schule. Alchemie ist das Verfahren der Energiefreisetzung und Bewusstseinserweiterung. Sie erfolgt durch Beseitigung hinderlicher Faktoren, die im Yoga als *kleshas* und in der Alchemie als Schlacken bezeichnet werden. Vom Standpunkt der Alchemie aus betrachtet, liegt das Hindernis in jenen korrosiven Eigenschaften, die den Persönlichkeitskomplex verrosten lassen. Während im alchemistischen Sinne „Transmutationen" solche Veränderungen sind, die auf der physisch-chemischen Ebene stattfinden, sind „Transformationen" jene, die auf der psycho-spirituellen Ebene wahrgenommen werden. Die Alchemie ist eine Wissenschaft, die unedle Metalle in Gold umwandelt und muss im Lichte dieser doppelten Metamorphose verstanden werden. Die Herstellung von Gold durch ihre „Kunst" bezeichnete den Prozess, durch den das Bewusstsein des Menschen in einen Zustand höherer Empfänglichkeit gehoben wird.

Ab Mitte der 1930er-Jahre bis in die Kriegsjahre hinein hielt Evola sich häufig in Wien auf, namentlich als Gast des konservativ-revolutionären Schriftstellers Rafael Spann, Sohn des Ökonomen Othmar Spann. Während seiner Wien-Aufenthalte erweiterte der Italiener seinen Kreis von Bekannten und Sympathisanten um ein Netzwerk von Intellektuellen, die eine ähnliche ghibellinische Vision eines transnational-abendländischen Imperiums verfolgten. Gleichsam als Gegenstück zu seinen Erfahrungen als Leiter der Gruppe von UR gründete Evola in Wien eine Gruppe oder einen Stammkreis von Personen, die sich metaphysischen Studien widmeten und als *Kronidenbund* bzw. „Kreis des Kronos" bekannt waren. Kronos (Chronos), der griechische Gott des alten Zeitalters, war das Äquivalent zum römischen Saturn, dem Herrscher des Goldenen Zeitalters. Dem Mythos zufolge wurde Kronos von Zeus entthront, der ihn aus dem Wagen warf und auf eine einsame Insel verbannte, wo er seither schlummert. Da Kronos aber unsterblich ist, ist er dem Tode enthoben: Er schläft in Totenleinen gehüllt bis zum Zeitpunkt seines abermaligen Erwachens; dann wird er wiedergeboren, nicht als alter Mann, sondern als Kind. Seine Wiedergeburt wird mit dem Beginn eines neuen Zyklus zusammenfallen und die Kroniden sind seine Anhänger, die geschworen haben, sein Erwachen vorzubereiten. Als der wahre Gott der Ursprünge und Wurzeln symbolisiert sein Erwachen bzw. seine Wiedergeburt die wahre geistige Ausrichtung einer „konservativen Revolution".[13] In einem Aufsatz mit dem Titel „Der Hüter der Schwelle" (Il Guardiano della Soglia) schreibt Francesco Waldner:

In den ersten Nachkriegsjahren führte ich auf einer Reise von Wien nach Salzburg ein beiläufiges Gespräch mit einem Reisenden in meinem Abteil. Wenn ich mich recht entsinne, war er Arzt und das Gespräch fiel, ich weiß nicht mehr weshalb, auf metaphysische Fragen. Er erzählte mir, dass er sich in Wien oft mit ei-

---

13   *Quaderni del Gruppo di Ur*, XVII, Il Gruppo Di Ur.

nem sehr gebildeten Gelehrten traf, der eine Gruppe führte, die eine große Anhängerschaft hatte: „Er ist Italiener", fügte er hinzu, und ich fragte ihn, um wen es sich handele. Er antwortete, sein Name sei Julius Evola. Ich war sehr erstaunt.

Dann erzählte er mir, dass Evola infolge eines Luftangriffs (während des Krieges) zum Invaliden geworden sei. Dabei betonte er, dass dieses Gebrechen seine volle geistige Klarheit in keiner Weise beeinträchtigt habe; er berichtete mir ferner, dass Evolas Anziehungskraft eine große Macht auf die Menschen ausübe, die zu der Gruppe gehörten; dass er ein willensstarker Mann von großer Geisteskraft sei, der sich seine Liebe und sein Interesse am Leben bewahrt habe. Mein Reisebegleiter schloss mit den Worten, dass Evola zwar ein Invalide sei, aber doch kein wirklicher Invalide, weil er an allen Facetten des Lebens teilhabe, mehr noch als er selbst.[14]

Marco Daffi und der Andromeda-Ritus

In der zweiten Hälfte des 20. Jahrhunderts, nach dem Tod von Kremmerz (1930), Reghini (1946) und dem körperlichen Verfall Evolas (dessen Weltanschauung sich zunehmend auf existenzielle Probleme konzentrierte, d. h. auf die Frage, wie der Mensch inmitten von Ruinen standhaft bleiben könne), wurde Marco Daffi zum führenden Kopf der esoterischen und initiatischen Studien in Italien. Er war eine wichtige Persönlichkeit an der angesehenen Accademia Tibertina in Rom, hielt zahlreiche Vorträge und führte private Beratungen mit Aspiranten durch, die nach Wissen in den hermetischen Künsten suchten. Trotz der unterschiedlichen Methoden, die sie verfolgten, übte Marco Daffi Einfluss auf einen

---

14   A.A.V.V., *Testimonianze su Evola*, Francesco Waldner, Edizioni Mediterranee.

jungen Aspiranten namens Giammaria Gonella aus Genua aus, der die praktische Anwendung alchemistischer Hermetik erforschte. Es ergab sich eine regelmäßige Korrespondenz und Zusammenarbeit von den frühen 1950er- bis in die späten 60er-Jahre, die dazu führte, dass Giammaria Marco Daffis Schriften überarbeitete und viele seiner veröffentlichten Werke über die alchemistisch-hermetische Lehre ergänzte.

Als Marco Daffi mich einlud, in seinem Laboratorium zu arbeiten, stimmte er zu, die Notizen aus seinen Reden für die Zukunft festzuhalten und gab mir die Erlaubnis, sie in der einen oder anderen Form weiter auszuarbeiten. In der Tat sind die Schriften Marco Daffis eher für Adepten als für Neulinge geeignet, da nur diejenigen, die sich ihre Hände beim Werk gleichsam schmutzig gemacht haben, in der Lage sein werden, das richtige Verständnis aus solch abgründigen Intuitionen und Einfällen zu ziehen.

In operativer Hinsicht erforschen Daffis Essays die Randbereiche des hermetischen Diskurses, indem sie so unterschiedliche Themen wie das Erscheinen spiegelverkehrter Bilder auf der Astralebene, monadische Verstrickungen, Doppelsyzygie, weibliche Initiation und spirituelle Avatare abhandeln. Daffis Schriften über die weibliche Initiation bleiben „rara avis", ein seltenes Ereignis, das in der umfangreichen Literatur zu Hermetik und Alchemie kaum erwähnt wird. In doktrinaler Hinsicht sind Daffis Texte aufgrund ihrer scharfsinnigen Beobachtungen über Einweihung, Initiationsorden, astrale Wesenheiten und den fluiden Strom der Schöpfung durchaus erhellend. Insgesamt legen seine Schriften ein beredtes Zeugnis für die Kontinuität, Aktualität und Innovativität der alchemistisch-hermetischen Tradition in Italien ab.[15]

---

15 Giammaria, *Marco Daffi e la sua Opera*, Editrice Kemi.

Marco Daffi

GIAMMARIA ÜBER „MARCO DAFFI UND SEIN WERK"

In seinen eigenen Worten „könnte man sagen, dass Morkohekdaph (Marco Daffi ist die italienische Form) nicht existierte ... weil er ein abstraktes Wesen aus einer unsichtbaren Welt war; er gehörte ins Reich der Visionen, der Magie, der Reinkarnationen, zu einer Welt, die sich an die subterranen Gefilde des Unterbewusstseins anschließt und nicht Teil der physischen Person ist."

Ich fand mich in der Galaxie Andromeda wieder, wo ich mich auf die Plejaden zubewegte (in anderen Worten: Plejaden = Himmel oder Astralreich; Andromeda = Erde oder spirituelle Manifestation), auf einer Mission zu jenem Ort, den ich, ohne meinen wirklichen Namen zu kennen, gemeinhin als Galaxie des dichten Planeten bezeichnen möchte. Ich musste also eine elektrische Barriere der Schwarzen Archonten durchqueren, und aus diesem Grund musste ich mich gleich Teilen einer Maschine zerlegen, die man in Stücke zerteilen und durch ein Sieb streichen kann, ohne dass sie sich auflöst. Ich blieb aus Gründen, die ich hier nicht nennen will, in meinen „3. Teil" oder Zwischenkörper „verstrickt" und verlor damit den Kontakt zu meinen anderen Teilen, d. h. meinem Femininen (Selbst), meinem männlichen und weiblichen Eon, und blieb somit ohne einen NORMALEN fluidischen Körper; jedoch mit der Macht, mein „unsterbliches" Selbst nach Belieben umzugestalten und neu zu ordnen. Ich habe mich mit (schwarzen) infernalischen weiblichen Komponenten und einem Pseudo-Zwischenkörper zu einem unvollständigen Avatar umgestaltet, der nicht hinreichend funktionsfähig ist. Ich war mit dem Problem konfrontiert, wie ich mich an meinen wahren Zwischenkörper wiedererinnern konnte, wie ich diesen fiktiven und unvollständigen Körper abstoßen und in meinen ursprünglichen, reinen und integralen Andromeda-Zustand zurückkehren, außerdem die Kontakte mit den Menschen meiner Abstammung wieder aufnehmen konnte.

Auf Erden durchlebte ich zwei Epochen: eine Atlantische, die ich in süßem Schlummer verbrachte ... und eine Ägyptisch-Phönizisch-Chaldäische Epoche, die sich aufgrund der solaren Einweihung eines chaldäischen Meisters mit meiner früheren Verfassung überlagerte. Niemand wusste von meiner wahren Vergangenheit, nicht einmal der Ägyptisch-Chaldäische Orden, dem ich angehörte. Obwohl ich damals vergesslich war (ich erinnere mich jetzt), wurde ich von dem Wunsch getrieben, zu meinem wahren Selbst zurückzukehren. Aber da das Problem nicht darin bestand, ein zweites Lebensholz (Lebenslinie) zu errichten, sondern es auszulöschen, konnten die Einweihungsformen, die mir zur Verfügung standen – die ägyptisch-chaldäische und die neapolitanische (18. Jahrhundert) – nur zum Scheitern führen.

Ich habe Erinnerungen an Übergänge, sowohl als typischer Avatar (z. B. das Durchschreiten eines prädisponierten Körpers, analog zum Ausstoßen eines „Meisters", als noch nicht belebtes, leeres Wesen in saturnisch-lunarer Hülle) als auch als ein der numinalen Welt von Andromeda zugehöriges Wesen, für das der Übergang von einem Körper in einen anderen kein Problem darstellt, sondern einfach die Anpassung an meinen physischen Körper. Ich bin zu dem Schluss gekommen, dass diese Konstitution die Quelle all meiner möglichen Unzulänglichkeiten und Fehler war, von Ägypten bis Neapel und bis heute. Diese dämmrige Manifestation meiner selbst hat unweigerlich zu meiner Vergesslichkeit geführt, nicht nur – aber das ist sehr wichtig –, um mich neu zu erschaffen, sondern auch, um die Probleme – in einem positiven Sinne – allein vom äußerlichsten Blickpunkt aus zu betrachten. Es gibt jedoch zwei Faktoren, die mir entgangen sind: der eine betrifft meine lähmenden psycho-physischen Zustände, der andere meine Expansivität. Kremmerz nahm an, es handele sich um eine einfache charakterliche Anomalie, während es sich in Wirklichkeit um ein strukturelles Problem handelte, das ihm völlig entgangen war.

Das Problem war eigentlich ein zweifaches:

1. sich mit der Tatsache abzufinden, dass nichts wirklich geändert werden kann,

2. kein zweites Lebensholz (Lebenslinie) zu konstruieren oder zu rekonstruieren, sondern die tief verschütteten Zustände, also mein ursprüngliches Ich aus den Andromeda-Plejaden, auszutilgen.

Schon bevor wir uns trafen, hatte Kremmerz in einem seiner Briefe geahnt, dass es zwei „Richter" gab, die entsprechende Probleme symbolisierten: Das eine war mein schwacher psycho-physischer Zustand, das andere blieb ihm unbekannt und er spekulierte lediglich darüber. Vielleicht glaubte er, dass ich in diesem Leben nur das ägyptische Problem zu lösen hätte ... und dass das andere, auf geheimnisvolle Weise unbekannt gebliebene Problem erst später gelöst werden müsste; ich aber wusste nur, dass ich in dieser Lage das Problem, das sogar Kremmerz im Jahre 1926, kurz bevor ich es erfasste, erahnen sollte, verzerrt und verändert hatte und alles auf ein Arrangement mit einem „Kanadischen" Ägyptischen Orden verkürzte, mit dem ich später in Kontakt kam.

Im Dezember 1929 (dem Zeitpunkt unseres letzten Treffens) hatte Kremmerz eine letzte Einsicht in Bezug auf das Wesen meines Daseins. Er schrieb: „Ich danke der Intuition für die Entdeckung, dass du ein unvollständiger Avatar bist, und dafür, dass du dich daran erinnerst, in fernen Äonen und kosmischen Räumen nach deinem magischen Gefährten zu suchen; denn dies gibt zugleich eine Einsicht in die fernen Ursprünge der menschlichen Spezies." Aber er sah nicht, dass ich – sogar auf verzweifelte Weise – halbbewusst sagen wollte, dass ich unvollständig war und dass ich nicht einmal zeitweilige Beziehungen, nennen wir sie flüchtig und das Ergebnis eines Kampfes, aufrechterhielt, bis der „unvollständige" avatarische Zustand (ein Ausdruck, der sich auf die Unfähigkeit bezieht, eine höhere Synthese zu verwirklichen, die Überlagerung dreier solarer Einweihungen durch Unterordnung unter die Haupteinweihung) überwunden war.

Meine Arbeit folgte einem Impuls, ohne Erinnerung an die elektrische Barriere, die meine Lehren fundierte, war mithin die Umkehrung der Intuition von Kremmerz, die Beziehungen mit dem Kanadisch-Ägyptischen Orden wiederaufnehmen zu müssen, von dem ich mich stattdessen nun gelöst hatte. Das Problem liegt in einem zwischen 1956 und 1961 durchgeführten Reinigungsprozess, in einer geistigen und philosophischen Richtigstellung – den Hindernissen zum Trotz, die sich aus den negativen Kräften meiner Verunreinigungen, aus kontingenten Zwängen und aus dem Fehlen eines wirklich ganzheitlichen fluidischen Körpers ergeben.

Schockierend können diese Worte jedoch nur wirken, wenn sie im Rahmen eines linearen und horizontalen Geschichtsbildes verstanden werden, nicht aber – unterm Schleier dieser seltsamen Verse – in ihrer tieferen Bedeutung. Der Name MORKOHEKDAPH ist als paradigmatische Verdichtung einer Konstellation von Ideen zu verstehen, die stark gefühlsbetont sind und aus einem zusammenhängenden, aus der Erinnerung abgeleiteten Impuls innerhalb eines autonomen Systems entstehen, aus einer Repräsentation, die heute so vorgestellt wird, als sei sie von gestern, und die morgen weiterentwickelt werden muss. Wer kann schon sagen, was Marco Daffis „morgen" ist, denn es ist ein Tod bzw. ein unumkehrbares Resultat des Todes. Von seinem „gestern" hat er selber gesprochen, wenn auch auf zweideutige, obskure und – ich bin mir nicht sicher, ob bewusst – phantasievolle Weise. Er schrieb:

... im Laufe meines natürlichen Lebens ... war meine ursprüngliche Aufgabe in dieser Existenz eine persönliche; es war die der Sühne, der Wiederherstellung des Gleichgewichts, und das umso mehr, als offenbar nicht vom Schicksal bestimmt wurde, dass ich die auf mich geladenen Anhaftungen, die sich in drei aufeinanderfolgenden avatarischen Schichten angesammelt haben, schnell auflösen sollte. Die Geste der Selbstverleugnung, nämlich dass die Inkarnation avatarisch (vom Avatar) empfangen wurde, ist nicht die meinige. Es ist einer einfachen Wendung des Schicksals zu verdanken, dass die physische Manifestation in einer Periode erfolgte, die ursprünglich dazu diente, die physische Transformation wieder ins Gleichgewicht zu bringen, um dem Profanen entgegenzutreten. Ich kam zum ersten Mal mit Kremmerz in Kontakt, um eine Beziehung aufzubauen und um die wiederauflebende Erinnerung an seine ägyptische Vergangenheit anzuzapfen, mithin um die Fakten bezüglich meiner eigentlichen Persona zu erfahren, die Kremmerz völlig falsch einschätzte, bis dies von meiner eigenen Erinnerung korrigiert wurde. Denn ich erinnerte mich, dass es zwei Phasen meiner Verwandlung und Versöhnung mit der Bruderschaft des Ägyptischen Ordens von Kanada gab ... die besagten Phasen waren zwei Wiederherstellungen.

Zahlreich waren die von Giuliano Kremmerz begangenen Fehler und ich habe sie in zwei Berichten recht umfassend dargelegt: in einem ausführlichen und in einem eher persönlichen Bericht ... Fakt ist, dass die Wiederherstellung nicht erfolgreich war, und irgendwann ... fand ich mich in einer Situation wieder, in der ich in einer furchterregenden Silvesternacht des Jahres 1932 eine schwere Krise bewältigen musste, die die Pharaonen-Gruppe betraf, und ich den Versuch unternahm, mein ungewisses Schicksal zu korrigieren. Der erste Handlungsplan bestand darin, sieben numinale Sektionen zu bilden, die den sieben Formen der Intelligenz entsprechen und die sich dann auf natürliche Weise von der menschlichen Bindung lösen und eine autonome Form annehmen würden. Wenn auch nicht durch karmische Kraft und durch meine Unreife – eben jene Unreife, die für Avatare charakteristisch ist –, so kam es jedenfalls zu einem hemmungslosen und ungewissen Kampf gegen meine gegnerischen Elemente ... Der Kampf dauerte 21 Jahre und führte nicht zur Verwirklichung des ursprünglichen Vorhabens; immerhin schritt er voran und brachte meinen ältesten atlantischen Atavismus – und folglich: die tiefste hieratische Tendenz – hervor.[16]

Giammaria und der Corpo dei Pari

Nach dem Zweiten Weltkrieg übten die Myriam- wie auch die Gruppe von UR weiterhin einen starken Einfluss auf die doktrinalen und operativen Entwicklungen der initiatischen Gruppierungen und einzelnen Akteure im heutigen Italien aus. Vor diesem Hintergrund gründete Giammaria Gonella (* 1924) in den frühen 1960er-Jahren den Corpo dei Pari. Im Gegensatz zu ihren Vorgängern entschieden sich die Mitglieder für eine lockere, nicht-hierarchische und selbst-experimentelle Organisationsstruktur. Giammaria bemerkt dazu: „Der sogenannte Corpo dei Pari wurde um 1960/61 in Genua als Gruppierung mit dem Ziel gegründet, der Alchemie den ihr gebührenden Platz als ‚Initiationsweg‘ zurückzugeben – um dem dominierenden Einfluss der magischen Hermetik entgegenzuwirken und die landläufige Meinung zu korrigieren, die Alchemie sei eine Art Proto-Chemie." Es ist klar, dass Giammaria – wenn er sagt: „um dem dominierenden Einfluss der magischen Hermetik entgegenzuwirken" – sich auf die Nachwirkungen des unverhältnismäßig starken Einflusses der Myriam- und der Gruppe von UR auf die gegenwärtige hermetische Szene bezieht. Dabei könnte der Corpo dei Pari als eine Schule des Denkens und Handelns verstanden werden, die unter dem Vorzeichen der Alchemie agiert und deren Weltsicht eine Idee (im Sinne einer Arbeitshypothese) vermittelt, die einen individuellen Akt bewusster Selbsterkenntnis auslöst,

---

16 Giammaria, Vorwort zu *Dissertamina, von Marco Daffi*, Edizioni Alkaest.

in dem das Selbst sich seines eigenen Prinzips bewusst wird. Um dies in unmetaphorischen Termini zu erläutern: Die alchemistische Weltanschauung betrachtet den Menschen als eine raum- und zeitgebundene Individuation, die in einem historisch-biographischen Kontext Gestalt annimmt, der nur ihr selber – als von allen anderen getrennte Entität – durchsichtig wird: wohingegen die Person (Maske) die Manifestation eines einzigen energetischen – im Akt (*Telesma*) befindlichen – Feldes darstellt, das als solches undefinierbar und unbeschreiblich ist.

Die Hauptpraktiken des Corpo dei Pari drehten sich um einen Prozess der Reintegration des eigenen Selbst in *das* Selbst, der zur Verwandlung ins Sein (Numen) führt. Alchemie in diesem Sinne meint den Prozess der Merkur-Werdung, d. i. die innere Durchdringung aller Dinge. Diesbezüglich bemerkte Giammaria: „Es ist schwierig zu erklären, was Alchemie ist, wenn man im Äußerlichen verbleibt; wenn man darüber schreibt, kann man nur die einzelnen Komponenten illustrieren, die Arbeitsmethoden erklären und die Entwicklung darstellen, aber alle Worte, die man benutzt, reichen nicht aus, um auch nur eine einzige verwirklichte Erfahrung zu übersetzen: Merkur bleibt für immer an Proteus gebunden."

Giammarias Schriften über die Hermetik sind all denjenigen von Nutzen, die die zahlreichen in der Sprache der Tradition verborgenen „Geheimnisse" zu enträtseln suchen. Das Symbol, das mit den entsprechenden Schlüsseln verständlich wird, vermag zu offenbaren, was die alchemistische Weisheit hinter Aphorismen, Kryptogrammen und Zeichen verborgen hat. Giammarias Schriften sind Überlegungen eines Menschen, der gelernt hat, die Welt und ihre Geschehnisse mit ungetrübten Augen zu betrachten. Das Material wird zu einem „historischen" Artefakt, durch das man den inneren Weg des Autors verfolgen kann, der in seinem Werk die wichtigsten Etappen seiner persönlichen Bewusstseinsverwandlung offenbart. Die Texte enthalten scheinbar widersprüchliche Themen und zeigen, wie fließend und amorph Merkur in allem und überall ist. Auf diese Weise bringt der Autor sein eigenes Wesen zum Ausdruck,

Marco Daffi & Giammaria

übermittelt das Feuer, enthüllt das, was ihm vom Himmel kund-
gegeben wurde, und zeigt einmal mehr, dass Hermes in den Texten „verborgen" ist und demjenigen helfend beispringt, der bereit
ist, „sich die Hände schmutzig zu machen". Dabei ist nötig, den Prozess gleichsam aus einer Innenperspektive zu erklären. Alchemie
wird mit der „Praktizierung von" Alchemie identifiziert: Sie wird zur
einzig wirklichen Dimension, in der man lebt und wirkt, grenzen-
los, dem Gewebe des eigenen Seins aufgepfropft. Das Werk als Sein.
Oder um Giammaria zu zitieren: „Nicht durch den Verstand allein,
sondern durch das Herz wird die Alchemie zu einer Eingebung".

ÜBER DEN ZUSTAND DES MENSCHEN

Der Mensch (ob männlich oder weiblich) ist ein raumzeitliches Geschehen, das dem einheitlichen Energiefeld, dem (universellen und
himmlischen) Prinzip der Manifestation, entspringt. Jeder Mensch
ist daher eine einzigartige Manifestation, jedoch nicht getrennt von
„anderen", wie auch ein Wassertropfen im Ozean nicht unterscheid-
bar ist (von allen anderen). Der Einzelne identifiziert sich mit der
Person (Maske) und ist doch von einer einzigen, undefinierbaren
Quelle, die jenseits aller Benennungen liegt, abhängig.

Für gewöhnlich „glaubt" das Individuum, dass es von den „Anderen" und vom Prinzip, durch das es sich manifestiert, getrennt sei,
und identifiziert sich mit dem „Ich", dem „Du", dem „Sie" etc., ohne zu wissen, dass die „Anderen" gleich ihm auch Wassertropfen im
Meer sind. Und alle bestehen aus ein und derselben Materie gleich
dem Wasser im Ozean. Diese Maske bedeckt alle Geschöpfe des Universums, in dem eine Art diffuse Lebendigkeit herrscht.

Anstatt sich mit seiner Maske (Person), mit seinen physischen
und zeitlichen Bedingtheiten zu identifizieren, würde das Individuum, wenn es sein Bewusstsein erweitern und es auf das lenken
würde, „was" jenseits der biographischen Grenzen liegt, das Ich (die
Identität) auf das Prinzip verlagern (aus dem das eigene Selbst durch

Giammaria der Bogenschütze

Giammaria, Ikarus

das Selbst geformt wird) und das Große Hermetische Werk verwirklichen. Man könnte dann das Universum wie den eigenen Körper wahrnehmen und das Leben (die Existenz) als rein repräsentativ bzw. als Traum des einzigen Geistes im individuellen Geist leben ...

Die Entschlüsselung der komplexen Symbolik der Alchemie und das Streben nach einer Synthese zwischen den verschiedenen westlichen und östlichen Traditionen wird den Grundstock eines für das moderne Zeitalter geeigneten spirituellen Weges bilden. Das alchemistische Laboratorium befindet sich im Inneren des Operators. Alle Darstellungen und Symbole beziehen sich auf verschiedene Zustände und Realitäten des Menschen (Schwefel = Geist, Quecksilber = Seele, Salz = Körper). Athanor ist der Mensch als solcher, während die „Metalle" die einzelnen psycho-physiologischen Komponenten darstellen. Das Feuer ist die psychische Energie, die beim Werk verwendet wird: das Bewusstsein. Das „dichte" Blei steht für die eigene Individualität, die sich aus komplexen psychischen Feldern konstituiert. Das „Subtile" besteht aus dem Selbst, dem Numen, dem Deus Absconditus und ist vom historischen Selbst, d. i. der Berührungspunkt zwischen persönlichem und „individuierend-transpersonalem" Selbst, geschieden. Durch diesen Prozess wird Blei in Gold verwandelt; die Individuation des geschichtlichen Individuums verschmilzt mit dem archetypischen Bewusstsein des Prinzips. Das Grundkonzept des Werkes und auch des Lebens als solchen entspricht genau dem Prinzip aller Dinge als eines einheitlichen Energiefeldes, das jenseits des Raum-Zeit-Paradigmas und des Dualismus von Energie und Materie angesiedelt ist. Es ist der universelle Geist, Gott, der Große Geist, das Abstrakte, der Große Magische Akteur, undefinierbar und unerkennbar. Es ist die Leere, die sich durch das Universum in universellen Gesetzen manifestiert und die Substanz aller Strukturen bildet. Im Wesen des Menschen zeigt sich das Prinzip in seiner ganzen Fülle und wird in Form von Bewusstsein zu einer intelligenten Kraft.

Alchemistische Hermetik ist der von den Pari bevorzugte Begriff. Denn Alchemie ist ein Zweig der Hermetik, die außerdem Magie, Astrologie, Kabbala und Weissagung umfasst. Giammaria beschreibt die Alchemie als Verlagerung des Bewusstseins vom geschichtlich gebundenen personalen Individuum zum archetypischen, transpersonalen Selbst.[17]

Wir alle sind auf einer Reise begriffen und kennen nur ihren Anfang, nicht aber das Ende, geschweige denn das eigentliche Ziel, nicht ihre Dauer noch ihren Sinn ... So gesehen sind wir als Reisende schlecht vorbereitet. Können wir diese Unwissenheit kompensieren? Oder davon ausgehen, dass die Reise eine einmalige Gelegenheit ist, sich dem Sachverhalt in seiner Komplexität zu stellen, nicht in der Gewissheit, die Probleme zu lösen, sondern in der Hoffnung auf ein „positives Ergebnis" oder eine Alternative, der es zumindest an ästhetischem Reiz nicht ermangelt?

Das ist die Wahl (aber ist es wirklich eine Wahl?) des Alchemisten (auch *artifex* oder *opifex* genannt), der als Pilger, als Reisender auf der Suche nach einem Ziel erscheint, das in Wirklichkeit im Inneren zu finden ist. Wie dem auch sei, es handelt sich hier um eine Arbeitshypothese, die der Logik von Reiseroute und Ziel, das „erfunden" werden muss, folgt; sodass die Zukunft alles umfasst, was geschaffen wird. Mit solcher Orientierung arbeiteten die Pari in den 1960er Jahren daran, eine verlässliche Karte des Weges zu erstellen. Sie verfügten über sehr wenig Material, das als Ausgangspunkt dienen konnte, noch dazu über Material von zweifelhaftem Wert, das vom Oberhaupt des Corpo erst überprüft werden musste. Sie verfolgten den Plan einer zumindest partiellen Anastilosis (Wiederherstellung) der alchemistisch-hermetischen Doktrin, ihrer vielfältigen Facetten und Reformulierungen. Das Problem bestand in der Schwierigkeit, einen authentischen „alchemistischen Weg" ausfindig zu machen, der als Initiationsmodell dienen konnte, da diesbezüglich kaum ungebrochene Überlieferungen bestanden. Nach zwei Jahrhunderten (namentlich seit dem 18. Jahrhundert) des Schweigens, ja der Desinformation über diese The-

---

17 Giammaria, *Gli Excerpta*, Editrice Kemi.

men und in Ermangelung authentischer „Zeugnisse" oder direkter Mitteilungen von Praktizierenden (*auctores*), fehlte es an authentischen Details. Dieses Problem ist – wie üblich – ein sprachliches. Denn wie sich Kleidung mit der Zeit abnutzt und deformiert, nutzen sich auch die Symbole (die archetypische Kleidung), die die alchemistisch-hermetische Sprache ausmachen, ab und ändern allmählich ihre Bedeutung, wobei bestimmte Symbole schließlich ganz überflüssig werden.

In diesem Kontext ist also der Corpo dei Pari als Gruppierung entstanden. Von ganzem Herzen wandten dessen Mitglieder ihre Gedanken denen zu, die an der Wiederbelebung bzw. Aktualisierung eines doktrinalen Vermächtnisses gearbeitet hatten. Ihre Tätigkeit und Zusammenarbeit resultierte in der Veröffentlichung größerer und kleinerer Texte über die alchemistisch-hermetische Lehre. In der Öffentlichkeit wurden die Pari ignoriert, als ob sie gleichsam stumm wären (was sie in gewissem Sinne auch waren); sie wurden auch ausgenutzt, allerdings nicht für persönliche oder weltliche Ziele. Sie verschafften sich keinerlei Vorteile aus ihren Erkenntnissen; vielmehr hatten sie die Möglichkeit, im Anschluss an ihr *Iter* „Gipfelerlebnisse" zu streifen, indem sie Erkenntnisse über ihr Handeln gewannen. Wenn sie sich indessen wie „traditores" (Übersetzer oder Verräter) verhielten, gerade weil sie ihr Wissen für Alltagszwecke nutzbar gemacht hatten, so ist trotzdem angebracht, ihnen für das, was sie geleistet haben, Dank zu sagen.

Es wird ohne Weiteres einleuchten, wie wichtig die Arbeit einer „equipe" ist, wenn man bedenkt, dass Europa seit dem 18. Jahrhundert keine Alchemisten von Rang und Namen mehr hervorgebracht hat. In der Zwischenzeit kam die Mode der „esoterischen Gesellschaften" auf, die nichts mit dem Großen Werk der Alchemie zu tun hat und unter dem Motto „wenn du allein bist, wirst du ganz dir gehören" (*si solo, sarai tutto tuo*) steht.

In den „esoterischen Gesellschaften" und sogenannten „initiatischen Orden" entwickelte sich ein Diskurs über Magie, der sich von der traditionellen Magie, die nur eine spezifische operative Form der Hermetik darstellt, unterscheidet. Die neapolitanische Aufklärung (des 17. Jahrhunderts) propagierte eine Form der Magie, die als „Ägyptisch" bezeichnet und zum Leitmotiv der magischen Strömung in Süditalien wurde. Aus diesem Freimaurerseminar stammen die Namen von Raimondo di Sangro, Fürst von San Severo, Cagliostro, Ritter von Aquino sowie die Techniken, die als Arcana Arcanorum oder „hohe Grade der Leiter von Neapel" bekannt sind. In der Theurgie wird – im Sinne der alchemistischen Terminologie – ein Körper der Herrlichkeit erzeugt, der überlebt und einen „völlig anderen" operativen Prozess, ein anderes *Iter* erfordert.

Die magische Praxis, die unter dem Namen „Ägyptisch" oder „Scala di Napoli" bekannt ist, hat sich also von dem „de quo"-Umfeld inspirieren lassen, das sich im 19. Jahrhundert im Bereich der Freimaurerei entwickelte, insbesondere bei gewissen Randgruppen der Freimaurer, zu denen Figuren wie Bocchini, Lebano, De Servis, Caetani (Ottaviano), Kremmerz und im 20. Jahrhundert auch andere gehörten, die sich als Erben des *Secretum Secretorum* „Osidischer" Abstammung verstanden. Am Rande dieser Strömung stand Marco Daffi, der sich aufgrund seiner Isoliertheit glücklicherweise ohne größere Ablenkung auf alchemistische Studien zu konzentrieren vermochte. Der Vollständigkeit halber sei angemerkt, dass die Rituale der Scala di Napoli offensichtlich eine gnostische Matrix und einen „antinomischen" Charakter aufweisen (siehe Nikolaiten, Fiboniten – Simon und Karpokrates).

Vieles von dem, was über den Corpo dei Pari geschrieben wurde, ist unrichtig, vor allem von den Vertretern jenes (mit Professorentiteln gespickten) Gesträuchs, das aus verdorbenen Feldern emporwächst. Eine wirkliche Zugehörigkeit der Pari zu einem kremmerzianischen und/oder post-kremmerzianischen Umfeld war nicht gegeben, auch nicht bei Daffi, und der Corpo war völlig autonom und unabhängig. Andererseits war Daffi *stricto sensu* nie ein Alchemist, und noch weniger war Kremmerz ein Magier – gleichwohl boten ihre Ideen die Möglichkeit, die Alchemie wiederzuentdecken, die in der ersten Hälfte des 20. Jahrhunderts als Initiationsweg in Italien (bzw. in ganz Europa) praktisch ausgestorben war. Dabei mangelte es freilich auch vor dem 18. und 19. Jahrhundert nicht an populären Büchern und Aufsätzen, die von „auditores" (Gelehrten, die selten „Kultivatoren" sind), mitnichten aber von „auctores" verfasst wurden ... Mit anderen Worten, es handelte sich hier um eine Reihe von „Sackgassen".

Obgleich in der magisch-zeremoniellen Strömung des 18. Jahrhunderts verwurzelt, haben Kremmerz und vor allem Daffi durch den alchemistischen Hermetismus möglicherweise eine Art „Rückkehr" in der italienischen Szene ausgelöst. Doch darf der Corpo dei Pari nicht mit einer esoterischen Gesellschaft oder einem Initiationsorden verwechselt werden, wie dies Ton und Tenor der *Proklamationen* und späteren Veröffentlichungen glauben machen könnten.[18] Vielmehr sind derartige Äußerungen im Sinne des „épater le bourgeois" zu nehmen. In der Tat gibt es keine Proklamationen, die „die Erweckung einer höheren Kraft als Hilfsmittel für die individuelle Arbeit"[19] oder irgendeine Komponente „jener Art des psychischen Körpers [ankündigen], die man zu schaffen sucht, indem man einen wirklichen Einfluss von oben heraufbeschwört, was ermöglicht, hinter den Kulissen auch auf gesellschaftspolitische Kräfte einzuwirken".

Dem Kreis von Ideen, der unter der Bezeichnung „Ägyptischer Orden" läuft, eignet indes keinerlei alchemistisch-hermetische Provenienz. Marco Daffi war zu seiner Zeit der einzige Vertreter der alchemistischen Hermetik und keine seiner Initiativen zielte auf eine Wiederaufnahme der kulturellen Aktivitäten ab. Es war vielmehr der Corpo dei Pari, der diese Leerstelle zu füllen versuchte, und zwar mit der Primärabsicht, eine Arbeitsgruppe zu gründen, um Zeugnisse zu einer organischen und modernen Form alchemistischer Hermetik zusammenzustellen, ferner – in zweiter Linie – den Pari die Möglichkeit zu geben, mehr als bloße „lectores" zu sein. Die Fakten liegen wie folgt:

---

18   Siehe den Artikel von David Pantano über den Corpo dei Pari, „The Return of Hermes".

19   Verweis auf Evolas Vorwort zur *Introduzione alla Magia* der UR-Gruppe.

1. Der Corpo hätte auch nicht gegründet werden können. Dass er gegründet wurde, beruht auf der Entscheidung, sich der Herausforderung zu stellen, sich selbst zu erneuern und in eine völlige Übereinstimmung zum alchemistischen Weg zu gelangen.

2. Aus dem beim Gründungszeitpunkt verfolgten Ziel, d. i. die Vorbereitung des menschlichen „Materials" zur Ausführung des „ersten Handlungsbereichs", ergibt sich, dass dies nicht *ad hoc* durchgeführt werden konnte ...

In den Worten derer, die wirklich daran beteiligt waren oder noch sind, nimmt der Corpo weder physische noch juristische Formen an, sondern ist eine imaginäre Entität, die sich nach den Prinzipien der Magie um einen Namen gruppiert, weshalb die Mitglieder *Pari* genannt werden. Um gleichsam auf organische Weise jedes Missverständnis zu beseitigen, verdeutlichen die diversen Funktionen, die von den Mitgliedern zu verschiedenen Zeiten und Anlässen ausgeübt werden, die potenzielle Fähigkeit jedes Einzelnen, verschiedene Ebenen des Werkes zu verwirklichen.

Jeder Mensch soll sich als autonomes Individuum betrachten; das Bindemittel des Corpo entspricht der Idee, welcher die einzelnen Mitglieder anhängen. Die Worte eines Pari drücken dies treffend aus: „Der Corpo ist im Grunde der Resonanzboden für die Stimme". Ein anderes Mitglied meint dazu: „Jeder der Pari ist in Bezug auf die anderen ein Schauspieler, woraus folgt, dass im Corpo dei Pari ein Drama, eine Tragödie, eine Komödie und manchmal sogar eine Farce gelebt und gespielt wird." Eine weitere Darstellung bedient sich sogar des Bildes eines musikalischen Ensembles: „... es gibt das ‚Ganze', wenn alle Pari (als Solisten des ‚Ensembles') mehr oder weniger harmonisch im Takt des Kontrapunkts während des Konzerts zusammenspielen, vor allem am Ende, wenn der Solist die seiner eigenen Berufung entsprechende Melodie vortragen darf."

In den bildenden Künsten kennt man die Vorstellung einer „soror" (weiblichen Eingeweihten). Um diese Metapher genauer zu erläutern: Maler und Bildhauer nähern sich dem „(alchemistischen)

Werk analog der Erfüllung einer Mission", wobei charismatische Individuen keinen Einfluss auf ihre Weihe als „Künstler" haben. Und andere sagen: „Hierin liegt die Stärke des Corpo dei Pari: dass er die archetypischen Aspekte des Hermes durch Bekanntschaft mit Freunden steigert, jedoch ohne Filter von Ritualen oder Beeinflussung durch Vermittler." Und weiter: „Die anderen sind die Bilder unserer Eigenschaften und unserer Reaktionen; wir sehen, was wir suchen und was wir lieben: Das Erscheinen in diesem Traum ist ein Eingriff in die eigene Biographie; unvollständig, wie wir sind, vereinigen wir uns mit den anderen Aspekten, die, schließlich vereint, zur Verwirklichung des gemeinsamen Projekts beitragen können". Und wieder andere stellen fest: „... wenn wir den Corpo (Körper) als einen Strom von Gedanken betrachten, so muss es eine gemeinsame Aktionslinie geben, auch wenn die Gestaltung des Werkes notwendigerweise persönliche Züge und Farben annehmen muss."

Diese Heterogenität (der Mitglieder) ist nicht im Sinne von Stilfreiheit zu verstehen, sondern als qualitativ unterschiedliche Besetzung. Es ist eine Tatsache, dass „die unterschiedlichen Herangehensweisen der verschiedenen Pari an ein und dasselbe Thema" dem Corpo Leben und Dynamik verliehen haben; andererseits fungiert er als Resonanzboden „aus einem breiteren Feld von Überlegungen und Spekulationen", als ein „kunstvoll gebautes und nicht dem Zufall überlassenes Instrument", wie einer feststellt. In den Worten eines weiteren:

Im Corpo (Körper) wird jeder auf seine Weise gewissermaßen als Fenster zu den Tiefen der existentiellen Problematik aufgefasst, als Zugang zu den „Gärten der inneren Sonne"; in dieser Perspektive sehen sich die Pari vereint, sie ist der gemeinsame Nenner ihrer „Suche", die ohnehin jedes Mitglied selbst zu bewerkstelligen hat – als exponentielle Potenz, die sowohl zusammengesetzt als auch einfach in sich und aus sich selbst ist.

Im Corpo gab es zu keinem Zeitpunkt irgendeine Form von Bekehrungseifer; entsprechende Diskurse waren immer diskret, wenn nicht sogar geheim. Und er war nie ein „Orden" oder eine „Akademie", weder eine „Kirche" noch eine „Bruderschaft" noch auch irgendeine Vereinigung *huius generis*. Stattdessen lässt sich der Corpo dei Pari, wie von seinem Oberhaupt beschrieben, folgendermaßen zusammenfassen:

> Der Corpo dei Pari ist einem Bankett vergleichbar, bei dem das Oberhaupt am Kopfende der Tafel sitzt.
> Mäßigung ist Teil der geselligen Disziplin.
> Alle sind Gäste, in jeder Hinsicht,
> Gleich Büchern, die man mitnimmt oder liegen lässt,
> um zu fasten oder zu kosten, was und wie viel man will,
> Essen zu reichen, sich zu unterhalten oder sich zu enthalten.
> Der Corpo dei Pari ist kein Verdienstausweis,
> sonst wäre er nicht mehr er selber,
> denn er ist demjenigen streng verboten, der auch nur versucht,
> den Körper zu einem „Orden" zu verderben.

So bleibt der Leser mit wenig oder überhaupt keinem Wissen darüber zurück, was Alchemie eigentlich ist. Wer indes das Glück hat, diese Zeilen zu lesen, wird die Operationen der Alchemie im Lichte eines alchemistischen Prinzips betrachten, das Merkur genannt wird bzw. in religiöser Terminologie Gott, in spiritueller Hinsicht auch der Große Geist; hermetisch das Eine, wissenschaftlich die Leere (oder auch Vereintes Kräftefeld) etc. Es ist bzw. seine Kräfte sind:

1. undefinierbar, unbeschreiblich, undifferenziert; sie sind in sich leer, aber voller Möglichkeiten, in denen sich die universelle Manifestation als ihre Vergegenständlichung bzw. Versinnlichung widerspiegelt;

2. im Streben begriffen, die Erkenntnis ihrer selbst durch die Welt, ihre Vergegenständlichungen und ihre Hüllen, zu verwirklichen. Die Natur hingegen wird in ihrem wahren Gesicht erkannt, indem man ihr Spiegelbild betrachtet und sich ihres eigentlichen Wesens bewusst wird ...

3. im Menschen als Gipfel des Bewusstseinsprozesses widerge-
spiegelt;

4. das große Werk der Alchemie und der Prozesse (*iter*), durch
die der Alchemist am Ende seiner Suche nach Wissen – um die
Erkenntnis zu verinnerlichen – das Eine in Allem und Alles im
Einen realisieren muss.

Dabei bietet die alchemistische Symbolik einen „Ad-hoc"-Schlüssel
zu den für diesen Initiationsweg nötigen Visualisierungen und Interpretationen. Die Bedeutung des Symbols (als Bild par excellence)
ist tiefgreifend, radikal und reicht weit in die Psyche hinein; sie liegt
jenseits von Rationalität, Instinkten und Empfindungen. Das Imaginale enthält das „Tiefenreservoir" des „Großhirns" (das mehr ist
als das Gehirn im allgemeinen Wortverstand). In dieser Hinsicht
gleicht der Mensch einer Gedächtnisdatenbank, die bis in die Zeit
unserer Vorfahren zurückreicht und als „Universalenzyklopädie"
fungiert. Da die alchemistische Hermetik dazu neigt, den Menschen in einem umfassenden Kontext zu betrachten, sind Bilder und
alchemistisch-hermetische Symbole der Schlüssel zur Ermittlung
eines geeigneten Ausgangspunktes sowie der von ihm ausgehenden
Verwirklichung. Nachdem der Leser nun den „Weg der Verwandlung von Blei in Gold" kennengelernt hat, sollte er wissen, dass, um
die Grundsätze dieses Weges zu verstehen, „sein ganzes Bewusstsein gefordert ist". Er sei sich daher des Folgenden bewusst:

1. Die Tiefe (d. h. das Prinzip) des Geistes ist unerschöpflich und
daher zu unendlichen Visionen im Sinne von Projektionen fähig.

2. Die Welt sollte nicht als Nicht-Ich, sondern stattdessen als Al-
ter-Ego begriffen werden; die Verwirklichung des Großen Werkes lässt die Welt mithin „als etwas vom Selbst Verschiedenes"
verschwinden.[20]

---

20 Giammaria Gonella, Einleitung zu *Dagli Atti degli Corpo dei Pari*, Edizioni
Alkaest.

Amor, die römische Venus

O gütige Venus, Mutter des Äneadischen Geschlechts, Wonne der Götter und Menschen, die du unter den wandelnden Gestirnen des Himmels das Meer, welches Schiffe trägt, und die Erde, welche die Früchte hervorbringt, mit Leben erfüllst; durch deinen Einfluss wird ein jedes Lebewesen gezeugt, und es huldigt dem Licht der Sonne (Lukrez, *Über die Natur der Dinge*).

In Summa

Die in dieser Studie vorgestellte italische Einweihungstraditi-on wurzelt in einer Vision des Lebens, die ihrer Natur nach spirituell und in der Praxis hermetisch ist. Die hermetische *forma mentis* betrachtet das Leben als ein allumfassendes, kraft des ursprünglichen Einen (Prinzips) zusammenhängendes Ganzes. Wie der bekannte Satz aus der Smaragdtafel des Hermes nahelegt („wie oben, so unten"), besteht eine emanative Kontinuität, die den Makrokosmos mit dem Mikrokosmos verknüpft; alles ist mithin durch diese geistige Kraft verbunden.

Aus einem breiteren Bezugsspektrum schöpfend, bevorzugt der Hermetiker alternative Erkenntnisformen wie bildhaftes Denken, Intuition, Mnemotechniken und Traumzustände, um ein erkenntnistheoretisches System, eine *Hermetica Ratio*, zu entwickeln, das die Pluralität der Phänomene (vestiges) aus ihren archetypischen Ursprüngen (Numen) herleitet. Indem er die WELT, den MENSCHEN und das GROSSE WERK als Bilder innerhalb eines größeren Mandalas des Lebens darstellt und als operative Bezugspunkte konzipiert, erhellt der Stern des Hermes gleichermaßen die überrationalen wie die rationalen Sphären – und kann bei richtiger Anwendung auf magische Weise eine hermetische Kraft für Denken, Sprechen und Handeln erwecken.[1]

Die grundlegende Praxis besteht darin, aus eigener Erfahrung über die unbeständige Natur der Phänomene und insbesondere des eigenen Körpers und Geistes zu meditieren. Auf diese Weise gelangt der Eingeweihte zu einer tieferen Einsicht über die Kostbarkeit seines Lebens und die Zeit, die er auf den Weg der Befreiung verwendet hat.

Die Initiation mit dem Goldenen Zweig beschrieb die orphischen, pythagoreischen und autochthon-italischen Traditionen, die

---

1   Giammaria, *Dagli Atti del Corpo dei Pari*, Edizioni Alkaest.

mit einem heroisch-olympischen Lebensstil verbunden waren, der etwa in den Feuerreinigungsritualen (Vesta) der alten Römer und Arier zum Ausdruck kam. In der hermetischen Sprache bezieht das Element Wasser sich auf die Ströme der Liebe, die mit der Erweckung des Willens zusammenhängen. Durch Kultivierung der göttlichen Liebe – die unter verschiedenen Namen wie Venuspfad, Amor, heroische Furien, platonische Ekstase oder Magie bekannt ist – erlangt der Eingeweihte eine Gnosis, die einen Kanal im Inneren seines Selbst öffnet und den Zugang zu tieferen Bewusstseinsschichten und höheren Wirklichkeitsbereichen ermöglicht.

Die Magische Pforte wies uns die initiatischen Praktiken zur Bewerkstelligung einer inneren alchemistischen Transformation, die auf Wiedervereinigung des Wesens mit dem Numen bzw. der Seele abzielt – bis die *prima materia* des Eingeweihten zu *der materia prima* wird. Das Element Feuer ist dabei vorherrschend und beschreibt den leuchtenden Lichtkörper, der mit den Visualisierungs- und Erkenntnisvermögen verbunden ist. Das von Dante erwähnte *in-paradisare* oder *in-cielare* schildert Zustände verwirklichter Erleuchtung.

Der letzte Abschnitt über das Geheime Feuer von Azoth thematisiert die siderischen Praktiken der wichtigsten italischen Initiationszirkel, die ein seelenzentriertes Wesen zu schaffen und aufrechtzuerhalten trachten, und zwar durch Erlangung der Herrschaft über das fünfte Element des Äthers, das auch als Azoth bekannt ist – als Fixstern des avatarischen Zustands, der mit der Befreiung des Bewusstseins von der physischen Hülle verknüpft ist. Ein transpersonaler Seinszustand, in dem das Bewusstsein mit der Lebensenergie verschmilzt und als reine Bewusstheit herrscht, bei den vedischen Aryas als Atman, bei den Römern als Numen bekannt. Durch eine mühsame Praxis, die die Prozesse von *solve et coagula* einschließt, verwirklicht der Adept, wenn die Umstände es zulassen, ein vollständig integriertes und harmonisches Selbst (Numen), das in der Lage ist, das Bewusstsein von der hylischen Schicht zu trennen und den Bewusstseinskomplex (Lichtkörper) auf innere Realitätsebenen zu projizieren, wie in Träumen und Astralprojektionen, ihn ferner durch glückverheißende Ereignisse und Synchronizitäten auch äußerlich zu manifestieren. Wie Dante in der *Göttlichen Komödie* erwähnt, trinkt der Eingeweihte, den Kräften der Auflösung widerstehend, die dem Lethefluss eignen (Identifikation mit dem Hylischen und den Lebensdaten), aus dem Fluss Euone, wodurch die Verbindung mit dem Numen gefestigt wird; und er projiziert diesen Zustand nach außen, um sich auf mehreren Seinsebenen zu manifestieren. Giammaria bemerkt:

> ... es wird eine innere Sonne erwachen, um die Nicht-Identifizierung mit den psychischen Inhalten zu bewirken, und zwar durch ständige bewusste Beobachtung, wodurch die Inhalte bis zur Transparenzwerdung „destilliert" werden. „Das Flüchtige fixieren" bedeutet, die bewusste Erfahrung des Lebens innerhalb der Rahmenbedingungen des alltäglichen Daseins (Individualität) zu festigen und zu stabilisieren. So besteht eine mögliche Interpretation des Kreuzsymbols darin, dass die horizontale Linie den Fluss des materiellen, durch das Raum-Zeit-Paradigma gebundenen Lebens darstellt und die vertikale Linie das unbedingte bzw. unendliche himmlische Leben: eine wichtige Übung, um sich von Zeit und Raum zu „befreien", indem man die gewohnheitsmäßigen Verstrickungen in existenzielle Gegebenheiten durchbricht. Das einzige, was hier zählt, ist die Anpassung des Rahmens (wie das Selbst sich zu seiner Peripherie verhält) auf dem Hintergrund eines anonymen, transpersonalen und zeitlosen Bewusstseins.[2]

Charakteristisches Zeichen eines Adepten, der voll und ganz im Kern seines Wesens, dem Numen, verankert ist, sind die Projektionen spirituellen Feuers durch eine auratische Schwingung, die sich als inneres Licht oder strahlender Duft manifestiert, der mit arche-

---

2 Giammaria, *Dagli Atti del Corpo dei Pari*, Edizioni Alkaest.

typischem Aroma erblüht. Insofern das Numen über das *principium individuationis* hinausgeht und von den Kräften an der Wurzel des Seins erfüllt ist, kann von einem persönlichen und subjektiven Willen hier nicht mehr die Rede sein. So lehrt uns Homer, dass die Macht vom Gott auf den Menschen übertragen wird. Mit dem griechischen Begriff *Menos* ist eine verzehrende Kraft intendiert, ein Feuer, das als Ausdruck Gottes vom Menschen Besitz ergreift. Dieser veränderte Bewusstseinszustand kann jedoch durch das Gebet erreicht werden, wie in *Ilias* XVII, 210 zu lesen ist: „Stürmend durchdrang ihn Ares' kriegerischer Geist, und innerlich strotzten die Glieder ihm voll Kraft und Gewalt."

Das archetypische Numen ist die Konstante, welche die Samen für künftige Generationen keimen lässt, während das Individuum oder die Persona lediglich den veränderlichen und kontingenten Aspekt darstellen, eine Art unbeständiges Beiwerk des Seins. Denn die Stirpes sind das Vehikel, durch welches das archetypische Numen bestmöglich bewahrt und entfaltet wird.

In der altrömischen Republik wurde von den Römern und anderen Völkern Italiens die Namensform der *tria nomina* verwendet. Dieses Namensgebungssystem unterschied sich von dem anderer Kulturen in Europa und im Mittelmeerraum und bestand aus einer Kombination von Personen- und Familiennamen. Die im Rahmen dieses Systems entwickelten Namen wurden zu einem bestimmenden Merkmal der römischen Zivilisation.

Ein deutlich anderes System der Namensgebung entstand jedoch in Italien, als der Personenname durch einen ererbten Nachnamen ergänzt wurde. Im Laufe der Zeit wurde dieses binomische System um weitere Namen und Bezeichnungen erweitert. Der wichtigste dieser Namen war das *nomen gentilicium* oder einfach *nomen*, ein erblicher Nachname, der eine Person als Angehörigen einer bestimmten *gens* bzw. Stirpes auswies. Bei Gaius Julius Caesar beispielsweise verweist das „Julius" auf den Iulius-Stamm, der von dem trojanischen Helden und Nachkommen der Venus abstammt. In schriftlicher Form folgte auf das *nomen* in der Regel eine Abstam-

mungsangabe, die den persönlichen Namen des Vaters, manchmal
auch den Namen der Mutter oder anderer Vorfahren wiedergab. Gegen Ende der Römischen Republik, als die römischen Institutionen
und sozialen Strukturen nach sechs Jahrhunderten allmählich zer-
fallen waren, verschwand auch die Notwendigkeit, zwischen *nomina* und *cognomina* zu unterscheiden. So waren die Menschen in Italien und Westeuropa gegen Ende des siebten Jahrhunderts zu Ein-
zelnamen zurückgekehrt. Viele der Namen, die ursprünglich Teil
der *tria nomina* gewesen waren, wurden jedoch an diesen Gebrauch
angepasst und überlebten bis in die Neuzeit. Seit der frühesten Zeit
waren derartige Anpassungen sowohl bei den indoeuropäischen italischen Völkern als auch bei den Etruskern üblich. So berichtet der
Historiker Livius, dass die Könige von Alba Longa zu Ehren ihres
Vorfahren Silvius den Namen Silvius annahmen. Zum Gründungsmythos Roms gehörig verweist diese Aussage auf das hohe Alter jener Zeit, der die Römer selbst die Einführung erblicher Nachnamen
zuschrieben.[3]

Kommentare zu den Goldenen Versen des Pythagoras[4]

Wenn du dich dann vom Körper trennst und in den Äther auf-
steigst, wirst du unvergänglich sein, eine Gottheit, kein Sterblicher mehr (*Die Goldenen Verse des Pythagoras*).

Um den Kreis der italischen bzw. italo-olympischen Spiritualität zu
schließen, muss man auch die wichtigen Zeugnisse untersuchen,
die den orphischen, bacchischen und pythagoreischen Traditionen
zugeschrieben werden. Die neuplatonischen Philosophen der Spä-
tantike betrachteten das pythagoreische Gedicht, das als die *Goldenen Verse* bekannt ist, als einen der klassischen Texte aus der

---

3   Anthony Ossa-Richardson, *From Servius to Frazer: The Golden Bough and
    its Transformations.*
4   Florence Firth, *Commentaries on the Golden Verses of Pythagoras.*

Gründungszeit der Philosophie. Die *Verse* sprechen von den Beziehungen zwischen Mensch und Heiligem im Kontext einer eschatologischen Vision des Olymp, die im Gedicht dargestellt wird. Aus der klassischen Epoche sind uns vier Kommentare überliefert, zwei in griechischer Sprache, von Jamblich und Hierokles, und zwei in arabischer Sprache, die Jamblich und Proklos zugeschrieben werden. Die *Verse* beschreiben die kontemplativen Tugenden, deren Ziel es ist, die Menschen zu Helden zu machen. Indem der Mensch die mit den kontemplativen Tugenden verknüpften göttlichen Gebote treu befolgt, wird er zu einem wahrhaft spirituellen Wesen, überwindet den Tod und erlangt Wissen über die Götter und ihre höheren Erkenntniskräfte. Im Grunde sind alle Wesen von der Natur des Vaters, und da sie sich Seines Willens bewusst sind, führen sie Seinen Willen und Plan zur Erhaltung der Schönheit und Harmonie des Universums aus; denn dies ist ihnen angeboren bzw. wurde ihnen als Teil ihrer göttlichen Natur gleichsam in die Wiege gelegt. Deshalb werden die Gebote von den Helden, die beständig im göttlichen Willen verankert sind, in eben dem Maße befolgt, in dem sie Gott verstehen und erkennen.

Die illustren Heroen sind die zweite oder mittlere Klasse von Wesen, die stets Gott zugewandt bleiben, wenn auch nicht immer im gleichen Maße. Sie gliedern sich in drei Unterkategorien: (1) die Engel oder Botschafter (die qua ihrer Natur den unsterblichen Göttern am nächsten stehen), (2) die Numen oder Geister, und (3) die Heroen (im engeren Sinne). Die irdischen Dämonen entsprechen den Seelen der Menschen, als Meister der Weisheit veredelt mit Wahrheit und Tugend. Sie sind „irdisch" und bleiben auf der Erde, um die Menschen zu führen und zu leiten. Die beste Verehrung, die man solchen Männern (die illustren Heroen ähneln) erweisen kann, ist die Befolgung der pythagoreischen Gebote und der Tradition, die schriftlich von ihnen niedergelegt wurde. Sie enthält die Grundsätze der Wahrheit und die Regeln der Tugend als ein unvergängliches väterliches Erbe, das zum Wohle der Allgemeinheit allen nachfolgenden Generationen erhalten bleiben soll; diese Regeln und Grundsätze zu befolgen und nach ihnen zu leben, ist die wahrhaftigste Verehrung, die man den Helden erweisen kann.

Die pythagoreischen Gebote, die von den Menschen befolgt und angewandt werden, sind also zu ehren, da sie zu höchster Stärke und Charakterfestigkeit führen. Will nun der Mensch diese Gebote achten, dann muss er alles in seiner Macht Stehende tun, um die Gesetze zu verstehen, die unser Universum regieren, und sich bemühen, Harmonie und Ordnung in allen Dingen zu wahren. Die Befreiung der Seele wird durch gewisse Reinigungen erlangt und ist in zwei Schritte unterteilt: der eine bezieht sich auf den physischen Körper, der andere auf den „Lichtkörper", der sich der Seele bedient. Damit der Mensch sich befreien kann, müssen sämtliche Reinigungen vollzogen werden; dabei ist zu beachten, dass diese (1) auf den Körper, (2) auf die Emotionen und den niederen Geist sowie (3) auf den höheren Geist abzielen.[5]

Das sechste Buch der *Aeneis* erzählt von der Reise des Helden Äneas durch die Unterwelt in Begleitung einer als Sibylle bezeichneten Prophetin, wobei der Geist seines Vaters Anchises sein Schicksal als Gründer Roms und seines Reiches vorhersagt. In der Interpretation antiker Weisheitsquellen zu Äneas, dem Goldenen Zweig und seinem Abstieg in die Unterwelt hat dieses Buch sowohl bei Gelehrten als auch in einer breiteren Öffentlichkeit große Aufmerksamkeit erregt.

Maurus Servius Honoratus (Servius)[6] war ein Grammatiker des späten 4. Jahrhunderts, der in Italien als einer der gelehrtesten Männer seiner Generation galt und eine Reihe hochangesehener Kommentare zum tieferen Sinngehalt der Werke Vergils verfasste. Es war Servius' Hinweis auf die Priesterschaft der Diana in Nemi, der Frazer später zu seiner eigenen Forschungsarbeit veranlasste, um die wahre Bedeutung dieses Mythos zu ergründen. Zusätzlich zu diesen Hinweisen liefert Servius eine allegorische Deutung des

---

5   Florence Firth, *Commentaries on the Golden Verses of Pythagoras.*
6   Anthony Ossa-Richardson, *From Servius to Frazer: The Golden Bough and its Transformations.*

Zweigs als „Pythagoreischen Buchstaben". Denn wir wissen, dass Pythagoras von Samos das menschliche Leben in Anlehnung an die Form des Buchstabens Y eingeteilt hat, in dem Sinne, dass das erste Lebensalter ungeformt und entweder den Lastern oder den Tugenden gewidmet sei, und dass die Gabelung des Buchstabens Y mit der Jugend beginne, in der die Menschen entweder den Lastern (dem linken Weg) oder den Tugenden (dem rechten Weg) folgen (Servius, *Commentarii*, 30–31).

Bereits ein Jahrhundert zuvor hatte Laktanz den Buchstaben als gängige Illustration zur Erläuterung ethischer Lehren angeführt, allerdings nur um einzuwenden, dass diese Illustration nicht der Wahrheit entspreche, „denn die ‚Gabelung' bezieht sich nicht auf irgendeinen Moment während des Lebens, sondern auf den Augenblick des Todes, wenn die Seele eines Menschen entweder in den Himmel oder in die Hölle kommt" (Lactantius, *Divinae institutiones*, V1 3, 5–10).

Es ist verlockend anzunehmen, dass Servius glaubte, der Y-förmige Zweig werde „an jenem Punkt geweiht, an dem sein Träger sich auf dem Pfad der Tugend nach rechts wendet". Die Verbindung bleibt jedoch implizit: Servius spielt auf die Funktion des Zweigs in der „sacra Proserpinae" bzw. dem Totenopfer an, indem er die Umstände von Proserpinas eigener Gefangennahme durch Hades wieder aufgreift: „ramus enim necesse erat ut et unius causa esset interitus ... et ad sacra Proserpinae accedere nisi sublato ramo non poterat ..." (Denn der Zweig war notwendigerweise die Ursache für den Tod eines Menschen ... und er konnte sich den heiligen Stätten [sacra, alternativ: ‚der Anbetung'] der Proserpina nicht nähern, wenn der Zweig nicht gepflückt worden war).

Dass der Goldene Zweig mit dem Tod des Helden, der ihn besitzt, assoziiert ist, steht im Einklang mit der Metamorphose oder Verwandlung, die der Eingeweihte bei seinem Übergang vom Profanen zum Heiligen durchläuft. Der Eingeweihte wird, sowie sein altes Selbst gestorben ist, tatsächlich wiedergeboren, gereinigt von profanen Anhaftungen und Bindungen. Es gibt mithin zwei bemerkenswerte Aspekte in Servius' Deutung des Zweigs. Erstens verwendet er das Bild, um einen traditionellen ethischen Standpunkt zu bekräftigen, zweitens verstärkt er die metaphorische Bedeutung des Zweigs innerhalb der Struktur von Buch VI der *Aeneis*.

Im sechsten Buch spielt der Goldene Zweig nämlich eine besondere Rolle, wie der Dichter selbst erklärt: „non antea discitur cognitio secretorum, nisi quis ramum decerpserit aureum, id est doctrinae atque litterarum discatur studium. Ramum enim aureum pro scientia posuimus ..." (Es gibt keinen Zugang zu Geheimnissen, bevor man nicht den Goldenen Zweig gepflückt hat, das heißt, bevor man nicht die Lehre und die Schriften studiert hat. Denn der Goldene Zweig verkörpert das Wissen [Scientia]).

Die neuplatonische Lehre von der Gefangenschaft der Seele im Körper kommt in der *Aeneis* deutlich zum Ausdruck. Dabei wird der Abstieg der menschlichen Seele in den Körper in *Aeneis* VI auch durch die Katabasis des Helden verdeutlicht, die eine Allegorie des metaphysischen „Abstiegs, des Voranschreitens zur philosophischen Weisheit", ist.

Marsilio Ficino liefert in einem Auszug aus seinem *Philebos-Kommentar* einen kurzen Exkurs zur Interpretation der Katabasis: „Aeneas, dum divinum ab oraculo auxilium imploraret, divina clementia impetravit ut ramum aureum sortiretur, mentis videlicet lumen infusum ab alto, quo perspicue tutoque posset per obscuras rerum latebras penetrare."

(Als Äneas ... erschöpft war und beim Orakel göttlichen Beistand erflehte, wurde ihm durch göttliche Barmherzigkeit der Goldene Zweig (d. h. das von oben eingegossene Licht der Vernunft [mens]) zuteil, mit dem er klar und sicher in die dunklen Gefilde der Welt vordringen konnte.[7]

---

7   Marsilio Ficino, *The Philebus Commentary*, hg. u. übers. v. Michael B. Allen, Berkeley / Los Angeles / London: University of Cali Press, 1975.

Der Kommentar wurde um 1491/92 geschrieben und 1496 veröffentlicht. Die Gefangennahme Proserpinas durch Hades steht für den Einschluss des ätherischen Geistes oder der Lebenskraft in die Erde. Der Goldene Zweig, mit dem der Held zunächst zu Proserpina hinabsteigt und anschließend sicher zurückkehrt, wird als die initiatische Kunst, sich diese natürliche Kraft zunutze zu machen, interpretiert.

Die initiatische Kunst besteht also darin, erfolgreich von einem Seinszustand zu einem anderen überzugehen. Sie wird durch den Ouroboros (die Schlange, die ihren eigenen Schwanz verschlingt) symbolisiert – denn dies entspricht dem Initiationsprozess, bei dem man ins Innere reist, um nach außen zu gelangen. In der italischen Tradition wird die Initiation am eindrucksvollsten durch die Magische Pforte symbolisiert, die den alten Römern zufolge unter dem Schutz des Janus stand, der über den sicheren Eintritt durch Tore wachte. Aus diesem Grund wird der erste Monat des Jahres im westlichen Kalender als Januar bezeichnet: zu Ehren der Gottheit Janus, die den glücklichen Übergang vom alten zum neuen Jahr, aber auch vom Profanen zum Magischen lenkt.

Dem im 17. Jahrhundert lebenden britischen Autor Francis Beaumont zufolge ist für Äneas dieser Abstieg und die Vision der elysischen Felder – eine „göttliche Institution der Sibylle" – unerlässlich, bevor er zum Gründer des Reiches werden kann. Der Zweig wird im Sinne „des göttlichen Geistes, der sein (Äneas) Schlüssel zu den elysischen Feldern ist", die Farbe des Zweiges folgendermaßen gedeutet: „Gold, weil es ein reines und unverderbliches Metall und der form- und dehnbarste aller Körper ist; in seiner Farbe gleicht es den herrlichen Lichtern des Himmels, auch erfüllt es die Wünsche des Menschen und wurde von den Alten zum heiligen Symbol des Göttlichen bzw. der göttlichen Natur, die in der Welt verströmt ist, erklärt ..."

In einem späteren Werk stellt Beaumont eine konkrete Behauptung über Vergils historische Absichten auf. So kehrt er in seinem Essay über die antiken Sibyllen, der das zweite Kapitel seiner 1724

erschienenen *Gleanings of Antiquities* bildet, zu *Aeneis* VI zurück.
Hier liest er die Katabasis als eine bewusste allegorische Darstellung
von Vergils eigener geistiger Initiation: „Nun zeigen diese Verse offensichtlich, dass eine Sibylle Vergil durch die unterirdischen Gefilde geführt hatte, so wie die Sibylle auch Äneas und andere Helden
dorthin geleitet hatte." Beaumont räumt zudem ein, dass „die Mysterien der Heiden mit unserem Glauben an Gott übereinstimmten".

In der traditionellen platonischen Interpretation von Bernard
und Ficino wurden klassische Philosophie und zeitgenössische Religiosität zusammengeführt, indem die Katabasis als geheimnisvoller Abstieg zur *sapientia* gedeutet wurde, ohne dass die Absicht des
Autors berücksichtigt wurde. Wir finden hier einen sehr ähnlichen
Abstieg, nur dass die Allegorie jetzt auf Vergils Entwurf beruht; der
Synkretismus ist inzwischen zu einer Harmonisierung von histo-
risch verschiedenen metaphysischen Systemen umgestaltet worden. Diese Veränderung ist subtil, aber tiefgreifend.

Der Zweig lässt sich also in verschiedener Weise deuten: als „na-
türliches Symbol für die visionäre Kraft, die der Himmel denjenigen gewährt, deren Augen danach trachten, die finsteren Orte der
Erde zu erkunden", als „Symbol für den Übergang vom Tod zum Leben" und als „Symbol für die Kraft, die [dem Sucher] des Lebens und
Glaubens innewohnt".

Zur orphischen und bacchischen Initiation

Habe Mut, schwinge den kriegerischen Thyrsos und vollbrin-
ge Taten, die des Äthers würdig sind, denn der unsterbliche
Palast des Zeus wird dich nicht empfangen, wenn du zuvor
nicht hart gearbeitet hast, und die Tore des Olymps werden
sich nicht öffnen, wenn du nicht vorher in die Schlacht gezogen bist (Nonnos von Panapolis, *Dionysiaka*, Lied 13, 21–24).

Das Ziel der Einweihung besteht nicht darin, bloß „initiiert", sondern wiedergeboren und erneuert zu werden, damit die Seele wie-

derauferstehen und erblühen kann. Zugleich trägt die orphisch-bac-
chische (dionysische) Einweihung dazu bei, zu verstehen, was es
heißt, die niedere Natur des Eingeweihten zum Licht zu führen. Der
Mythos berichtet, dass Dionysos zweimal geboren wurde, zunächst
als Sohn von Jupiter und Proserpina. Danach zerstückelten ihn die
Titanen; er wurde wiedergeboren und Semele anvertraut, bevor der
König der Götter ihn in seinem Schenkel barg. Die Titanen wurden
verfolgt, denn ihr Blut vermischte sich mit dem dionysischen und
die letzte Generation von Menschen wurde geboren, jene der Eisen-
zeit. Das Ziel der dionysischen Einweihung liegt nun gerade darin,
sich von diesem titanischen Erbe zu reinigen, einen dunklen Makel
loszuwerden und endlich den Göttern ähnlich zu werden. Dementsprechend wiederholt diese Einweihung die strahlenden Riten der
Sonne, die ihrerseits die höchste Intelligenz symbolisiert, welche
von ihr ausgehend sich in die Sinnenwelt verströmt. Es gibt hier
keine Orthodoxie, keine totalitäre Illusion, sondern schlicht den
Ritus (entspricht dem Sanskritwort *Rta*, das „kosmische Ordnung"
bedeutet). Dieser Akt befreit alle von der Wüste des Titanismus, den
Typhon, der Feind der Götter und Menschen propagiert.

In manchen Museen Süditaliens befinden sich auf Goldplättchen
eingravierte Texte, die eine außergewöhnliche Quelle über die Vorstellungen der Griechen und Römer vom Leben nach dem Tod und
ihrer Auffassung, wie sie dasselbe beeinflussen können, darstellen.
Diese Texte, datiert auf die Zeit zwischen dem 5. Jahrhundert v. Chr.
und dem 2. Jahrhundert n. Chr., stammten von Personen, die in
die Mysterien des Dionysos und Orpheus eingeweiht worden waren. Die Goldtafeln, die in den Gräbern der Eingeweihten des Dionysos entdeckt wurden, beschreiben orphische Vorschriften für das
Leben nach dem Tod, die im ganzen Mittelmeerraum verbreitet waren, wobei die meisten in der Region Magna Graecia in Süditalien
gefunden wurden.

Die Goldtafeln, die neben den Überresten der Eingeweihten gefunden wurden, enthalten Anweisungen für deren Reise ins Jenseits. Diese Anweisungen geben eine Wegbeschreibung oder einen

Pfad vor, dem man folgen soll. Der Eingeweihte wird in menschlicher Gestalt und damit als Sterblicher wiedergeboren, lernt ein neues Leben kennen und setzt den Kreislauf der Inkarnationen fort, bis er sich vollständig gereinigt hat. Diejenigen, die ihre eigene Palingenese bereits im Diesseits durchlaufen haben, durch Riten, die ihre vorherigen Befleckungen auslöschen, werden dem Durst widerstehen und weitergehen. An einem bestimmten Punkt werden sie die Quelle der Mnemosyne erblicken und können daraus trinken und sich erfrischen, ohne die Vergangenheit auszulöschen. Wenn nötig, können auch sie erneut reinkarniert werden, aber die nächste Existenz wird die letzte und vom Bewusstsein vergangener Erfahrungen geprägt sein: Dies ist der Weg der Erinnerung, der zu den Hütern der Schwelle führt, den Hütern der Elysischen Felder. Um noch weiter zu gehen, muss man die Reinheit seines eigenen Wesens demonstrieren und Passierformeln rezitieren, um dann zur vollständigen Vergöttlichung hinan zu schreiten.[8]

Der folgende Text stammt aus dem Grab einer kalabrischen Frau (ca. 400 v. Chr.):

> Dies ist das Werk der Erinnerung, wenn du im Begriff bist zu sterben
> Hinab ins wohlgebaute Haus des Hades. Dort ist eine Quelle zur Rechten und daneben eine weiße Zypresse.
> Zu ihr hinabsteigend, erfrischen sich die Seelen der Toten.
> Geh nicht einmal in die Nähe dieser Quelle!
> Vor dir wird kaltes Wasser aus dem See der Erinnerung sprudeln; dort stehen Wächter. Sie werden dich mit besonnener Weisheit fragen,
> Was du in der Dunkelheit des trüben Hades suchst.
> Sprich: „Ich bin ein Sohn der Erde und des Sternenhimmels,

---

8   Fritz Graff, *Ritual Texts for the Afterlife: Orpheus and the Bacchic Gold Tablets*, Routledge.

Ich bin am Verdursten und sterbe; gebt mir schnell kaltes Wasser aus dem See der Erinnerung zu trinken."

Und sie werden dir zu trinken geben aus dem See der Erinnerung.

Also wirst auch du, nachdem du getrunken hast, die heilige Straße entlanggehen,

Auf der die anderen glorreichen Eingeweihten und Bacchoi reisen.[9]

„Ich bin ein Kind der Erde und des Sternenhimmels,
doch mein Geschlecht stammt vom Himmel allein".[10]

---

9   Fritz Graff, *Ritual Texts for the Afterlife: Orpheus and the Bacchic Gold Tab-*
     lets, Routledge.
10   Alberto Bernabé, *Instructions for the Netherworld: The Orphic Gold Tablets*,
     Brill Academic Publication.

Appendix

Giuliano Kremmerz' Einfluss auf die Gruppe von UR

Der Einfluss von Kremmerz' Lehren auf den Hermetismus und die Magie in Italien ist so weitreichend wie tiefgreifend. Kremmerz und seine Schule, die Myriam, boten nicht nur ein lebendiges zeitgenössisches Beispiel für die Einweihung, sondern auch eine vollständige Praxis, die auf einer in ihrem eigenen Land verwurzelten Tradition basierte; es war mithin eine hochentwickelte Schule, die über spezifische Lehren sowie über eine effektive Praxis verfügte, die Isische und Osirische Wege zur Selbstverwirklichung einschloss. Aus kürzlich ans Licht gekommenen Dokumenten wissen wir, dass Evola nicht nur eine Einweihung in die Myriam anstrebte, sondern auch Kontakt zu Mitgliedern derselben sowie zum Großägyptischen Orden unterhielt: beispielsweise zu Giovanni Bonnabitocala (Leiter der Vergil-Akademie der Myriam in Rom), Pater Francesco Oliva und Antonio de Santis (Primo Sole und Nilius) sowie Francesco Proto da Atrani (Apro) vom Großägyptischen Orden. Die persönlichen Briefe, die den Austausch zwischen Pater Oliva und Evola dokumentieren, befinden sich in den Privatarchiven der heutigen Zweige der Myriam.

Nach der Erfahrung mit UR setzte sich Kremmerz' Einfluss fort, insbesondere auf Evolas esoterische Schriften wie *Die hermetische Tradition, Maske und Antlitz des zeitgenössischen Spiritualismus* und *Der Pfad des Zinnober.* In der *Metaphysik des Sexus* ist ein Kapitel dem „Sexus im Bereich der Einweihungen und der Magie" gewidmet, in dem Evola ausführlich die Lehre vom „Eros und den Mysterien der Liebe" beschreibt, wie sie von der Myriam praktiziert und in feuermagischen Techniken angewandt wird.

Es bestehen übrigens Parallelen zwischen der Myriam oder genauer: der kollektiven Verkettung der Bruderschaft, und der christlich-mystischen Theologie der Jungfrau Maria oder Theotokos (Mutter Gottes) als archetypischer Frau, Personifikation der Kirche

und Spenderin übernatürlichen Lebens. Desgleichen wird der Pfad
der Venus durch feuermagisches Entzünden einer seelischen Flamme innerhalb einer harmonischen und liebevollen Beziehung derge-
stalt erweckt, dass die Frau zu einem mächtigen Medium wird, das
dem Hermetiker hilft. Das Weibliche liefert das Fluidum, um seinen Willen zu erwecken und zu magnetisieren und ihn in einen Zustand der Androgynität überzuführen. Der Magus kann keine Beziehung eingehen, wenn er nicht sein fluidisches Gegenstück in einer
Frau besitzt; das Vorhandensein einer spezifischen Ergänzung oder
Polarität ist folglich eine Voraussetzung für starken erotischen Ma-
gnetismus. Die Feuermagie entfaltet ihre flammende Wirkung, sowie „die Liebe beginnt, einen heiligen Charakter anzunehmen, der
die menschliche Seele in einen Zustand der Magie oder Trance ver-
setzt."

Im Folgenden werden einige Passagen aus Kremmerz' Werken
wiedergegeben, die fast sämtlich vergriffen bzw. nicht mehr erhält-
lich sind. Sie wurden hier mit leichten Anpassungen neu zusam-
mengestellt.

* * *

Recht verstanden, besteht unsere Reinheit in der bewussten und unveränderlichen Neutralität des Bewusstseins. Jede Manifestation von Hass und Liebe, ja ich würde sogar sagen, jedes Interesse des hermetischen Operators am erfolgreichen Ausgang der gewünschten Sache macht das erhoffte Ergebnis zunichte, annulliert, zerstört es.

*

Durch ein vollkommenes körperliches und geistiges Gleichgewicht, einen besonnenen Lebensstil, Anstrengungslosigkeit, durch stilles Beobachten und Erkennen der Eitelkeit der Worte, wird die Entwicklung der hermetischen Weisheit begünstigt.

*

Löse dich geistig von deiner Umgebung, wie von etwas, das dich nicht stören soll und kann. Sprich: Das Ungerechte wird mein Gleichgewicht nicht stören. Denn die Vorstellung vom vollkommenen Menschen setzt das Bild des vollständig Integrierten voraus: Der vollkommene Mensch ist weder ganz Körper noch ganz Geist, sondern die Integration der Kräfte des Geistes in den Körper, der ihn nährt und als Grundlage für seine Manifestation dient – er lebt in einem ständigen Gleichgewicht, das ein Übermaß des einen oder des anderen Faktors verhindert.

*

Bediene dich des Willens, um etwas in der physischen Welt zu erlangen oder um auf etwas zu verzichten. Indem man das Leben einem strengen Regime unterwirft, wird der Körper gestärkt. Bist du krank, so faste. Richte diesen Verzicht auf Leidenschaften und Begierden. Leidenschaften sind Leiden an nicht verwirklichten oder nicht hinreichend befriedigten Wünschen. Begehre mit Maß, und wenn das Begehren überhandnimmt, bleibe doch aufrichtig. Was am weitesten von der Macht entfernt ist, sind zügellose Begierden.

*

Ein Meister muss über Gut und Böse erhaben sein, denn von seiner Neutralität gegenüber dem einen wie dem anderen hängt sein beständig ausgeglichener Zustand ab, sodass er innere Kräfte ausbil-

den und sie in jeder Hinsicht nutzen kann. Jeglicher Handlung ist
der Zustand des Ungleichgewichts bzw. der Unausgeglichenheit des
Handelnden eingeschrieben.

*

Du selbst bist das Laboratorium, und es ist nötig, dass du klar siehst
wie im Lichte der Sonne. Denke über deine Handlungen nach und
meditiere darüber. Die regelmäßig auftretenden, impulsiven Eigenschaften werden dich um dein ursprüngliches Wesen bringen, um
deine vergessene Geschichte und das, was du gewesen bist. Gewöh-
ne dir an, dein Gewissen häufig zu prüfen.

*

Du musst dir selbst gegenüber aufrichtig sein; dies ist am schwie-
rigsten zu erreichen.

*

Deine Gedanken wirken direkt auf den Körper, und mit hinreichen-
der Übung wirst du dich ihrer vollständig entledigen. Hab keine
Angst vor Krankheiten, Gebrechen und Beeinträchtigungen welcher
Art auch immer. Bei schwächer Veranlagten wird der Wille einge-
bildet, bei den Geschickteren wird er einfach bejaht. Dann brauchst
du keine „Suggestionen" mehr; es wird dir genügen, auf dich selbst
vertrauend zu wollen, gleich einem Virtuosen, der ein Instrument
beherrscht.

*

Die hermetische Praxis neigt dazu, das integrative Vermögen des
menschlichen Intellekts zum absoluten Herrscher über die tierische
Hülle zu machen und sie zu einem gehorsamen Diener zu formen,
bereit, der in uns befindlichen psychodynamischen Instanz zu dienen; von allen Hindernissen gereinigt, die der freien Ausübung des
intelligenten Willens entgegenstünden: frei von Bedürfnissen.

*

Insofern der Mensch in Entsprechung zum Kosmos verstanden
wird, basiert Magie auf dem für Dinge wie Handlungen gültigen Gesetz der Analogie. Der Lavendel ist beispielsweise ein Symbol für die
Tugend des Wassers, das den Badestein reinigt; das Fasten steht für

die Befreiung von Hindernissen; die Keuschheit für einen Zustand der Freiheit im Gegensatz zur lüsternen Begierde, d. h. dem Leiden.

*

Wasche dich, damit deine Hände durch diese Handlung nicht nur deinen Körper und die äußeren Sinne reinigen, sondern vor allem die verborgene Essenz, die während des Tages unreine Eindrücke empfangen hat. Wenn du aus Besonnenheit während des Vollmonds fastest und nur einmal isst, so weil du weißt, dass der Mond am ersten Tag seines Erscheinens jungfräulich, unschuldig und rein ist, analog zum Lunar- oder Astralkörper des Menschen.

*

Jede Verwirklichung – gleichviel, ob oben oder unten – ist ein Akt der Liebe, sowohl im Guten wie im Bösen: für das, was Nutzen und für das, was Schaden bringt. Jede Art von Eigennutz wirkt sich trübend und hemmend aus, egal ob es sich um moralische oder materielle Belohnungen handelt; es kommt auf dasselbe hinaus. Wenn ein Liebhaber für seine Frau „betet", wird er nichts erreichen, wenn er seine Liebe als Liebhaber nicht in die einer Mutter verwandelt, die sich für ihr Kind aufopfert.

*

Diese Liebe wird Beatrice genannt, weil sie Licht, Reinheit und Glückseligkeit ist. Sie ist weder eine Kunst noch eine Wissenschaft. Sie ist ein Geist, der Hermes ankündigt, gleich wie die Morgenröte die Sonne ankündigt. Es ist nötig, ihn anzurufen. Wenn er kommt, weise ihn nicht ab, denn er wird dann nicht mehr zurückkommen. Wenn er kommt, empfange ihn. Wen immer du liebst, wird von der gleichen Liebe ergriffen werden, und wenn sie vollkommener ist, wird sie dir alles geben, was du von ihrem Geist verlangst. Dies ist der erste kleine Schlüssel.

*

Eine solche Liebe ist nicht länger zwangsläufig an ein bestimmtes Wesen gebunden. Im Gegenteil, wir glauben, dass die Anspielung auf die oben erwähnte Liebe zwischen zwei Menschen vor allem den Zweck hat, durch Analogie verständlich zu machen, um welchen Zu-

stand es sich handelt: einen Zustand, der imstande sein muss, sich
auf magische Weise selbst hervorzurufen, ohne fremde Unterstüt-
zung und ohne an irgendetwas gebunden zu sein.

*

Das hermetische Gebet ist ein Akt der konkreten Verflüssigung des
Willens. Formuliere die Idee und verlange[11] nach ihrer Verwirklichung: Das ist das Gebet – die Vorstellung von Dingen, wohldefi-
niert, bildhaft, minutiös, in den feinsten und genauesten Details
geformt und Vollzug des Wollens bzw. Schöpfung. Die Idee gut
konzipieren, sich vorstellen, zurücknehmen, dann im Zustand der
Wahrheit, in Übereinstimmung mit der gedachten Sache und dem
Willensakt fühlen, ob das Wort den gewollten Gedanken ausdrückt
oder ihn nicht ausdrückt. Der Wille ist vollkommen, wenn die Idee
geformt ist und im Bewusstsein lebt. Frieden zwischen Vorstellung
und Bewusstsein, Handlungsbereitschaft, Liebe, die wirkt und
fruchtet.

*

Im ganzheitlichen Bewusstsein manifestiert sich die hermetische
Kraft jenseits aller Einflüsse der Umwelt, des Glaubens oder der
Leidenschaft, nur vermittels des starken Willens: spontan, mühe-
los, einzig durch den Akt der Imagination. Es genügt, eine Form
zu erschaffen, die in diesem inneren Zustand erdacht wurde, damit
diese Form realisiert wird, nicht als Ergebnis einer Anstrengung,
sondern als Ergebnis eines unabhängigen inneren Seinszustandes,
der keine Hindernisse kennt. In der Magie kommt die Vorstellung
einem Blitz gleich, einem blitzartigen Vorgang, der eine vollkommene Ausbildung sowohl des physischen als auch des geistigen Körpers voraussetzt. Also: Schließe deine Augen, erschaffe ein Bild und
konzentriere dich darauf. In der Dunkelheit ist der Blick nicht so
empfindlich. Lass mehr Menschen auf dieselbe Weise ihre Augen
schließen und ihr Inneres öffnen, dann wird die Verbindung mit

---

11 Es ist offensichtlich, dass die Art von „Verlangen", die hier hervorgerufen
    wird, eine andere ist als jene, von der Kremmerz selber in Übereinstimmung
    mit seiner magischen Lehre sagt, dass sie die Erkenntnis lähme.

dem Licht durch Wechselbeziehungen hergestellt. Die Verbindung zwischen den vom Individuum wahrgenommenen astralen Schwingungen bildet den Astralstrom, den du mit der Zeit zu beherrschen lernen musst.

*

Hermes begreift die geistige Bewegung als jenseits des Körpers, der Oberfläche oder des Raumes befindlich: als freie Bewegung in einer geistigen, dimensionslosen – oder wenn man so will: alle Dimensionen einschließenden – Sphäre. Der solcherart hermetisch durchdrungene menschliche Geist verkörpert eine göttliche Tugend, die sich in wunderbare Kräfte verwandelt.

*

Alles, was im Astralbereich erdacht wird, lässt sich in die Tat umsetzen: Die hermetisch erdachten Dinge sind echte Tatsachen, weil sie zu realen Ergebnissen führen. Tritt in Kontakt mit der jenseitigen Welt und betätige dich aktiv in diesem Bereich, um Resultate im wirklichen Leben zu erzielen.

*

Das Ziel besteht also in Folgendem:

Reduktion des Menschen auf den Zustand des Äthers;
Reduktion des Äthers auf den Zustand des Feuers;
Reduktion des Bösen, das im Laufe des umfassenden Reinigungsprozesses zutage tritt.
Die Symbole: der die Venus liebende Hermes
Der Name: Feuermagie oder äonische Magie
Das Mysterium: der Eingeweihte, verschlossen in der tiefen Dunkelheit seiner Robe
Das Ergebnis: der Androgyn, die unauflösliche Einheit der Gegensätze.
Das Zeichen: die offene Hand – die Flamme
Die Mittel: Stille.

Autor & Künstler

Autor

David Pantano ist ein unabhängiger Forscher zu
esoterischen Traditionen in Ost und West.

Illustrator

Josef Stefanka ist ein multidisziplinärer Künstler, der
sich surrealistischer Ausdrucksformen bedient.

Archiv für Altes Gedankengut und Wissen

Unsere Buchreihe mit seltenen bis seltensten Texten durch die Jahrhunderte aus allen Bereichen alternativer Geistesgeschichte, unter anderem ...

- Originalschriften der Illuminaten: *Illuminaten II – Der Ächte Illuminat.*
- Arnoldus von Villanova: *Chymische Schriften.*
- Kabbala: *Splendor Lucis – Dokumente der Kabbala.*
- Dahlke / Papus / Parazelsus: *Hermetische Medizin.*
- Mircea Eliade: *Der Magische Flug – Das Okkulte und die Moderne Welt.*
- Rudolf Franz Merkel: *Das Lied der Seele – Die Mystik im Kulturleben der Völker.*

edition epoché

Epoché meint Innehalten und bezeichnet in der Philosophie eine Enthaltung im Urteil, die sich aus der Einsicht in die Ungewissheit alles Wissens herleitet. Den vorgefassten Urteilen wird Geltung entzogen, um schließlich zur Erkenntnis über das Wesen zu gelangen. Hier finden Sie unter anderem ...

- Henri Birven: *Gustav Meyrink als magisch-esoterischer Dichter.*
- Henri Birven: *Unerklärte Antike Mysterien & Eine Tibetanische Erlösungslehre.*
- Denis de Rougemont: *Die Liebe und das Abendland.*
- Paul Scholz: *Götzendienst und Zauberwesen bei den alten Hebräern und den benachbarten Völkern.*
- Nikolaus Flamel: *Chymische Werke.*
- Julius Evola: *Der Yoga der Urkraft.*
- Joséphin Péladan: *Das allmächtige Gold* und weitere seiner Romane.

GNOSTIKA – Die Zeitschrift für Symbolsysteme

erscheint regelmäßig sei 1996, dokumentiert Zeiten überdauerndes Geistesgut und ist um dessen wissenschaftliche Aufarbeitung bemüht. GNOSTIKA bildet eine Plattform für eine vorurteilsfreie Betrachtung alternativer Denkformen und Lebenswelten. Antoine Faivre schrieb: „.... die wichtigste Publikation in deutscher Sprache ist GNOSTIKA" und Joscelyn Godwin verdanken wir die Worte: „Die GNOSTIKA ist in ihrer besonderen Art und Weise ohne Konkurrenz und selbst weltweit kenne ich da nichts Besseres."

scientia nova – Verlag Neue Wissenschaft
(www.scientia-nova.de)

hält u. a. dieses ganz besondere 4-bändige Werk verfügbar. Es vereinigt esoterische und religionswissenschaftliche Forschungen von 84 akademischen Autorinnen und Autoren in deutscher, englischer, italienischer und französischer Sprache unter der Herausgeberschaft von ...

- Hans Thomas Hakl (Hg.): *OCTAGON. Die Suche nach Vollkommenheit im Spiegel einer religionswissenschaftlichen, philosophischen und im besonderen Maße esoterischen Bibliothek.* Bände 1–4.

CPSIA information can be obtained
at www.ICGtesting.com
Printed in the USA
LVHW100425121122
732945LV00033B/1660

9 783937 592527